UN255724

自治体行財政への参加と統制

日本地方自治学会編

敬文堂

〈目次〉

Ⅵ　学会記事

I　記念講演

1　協働と地方自治
――自治の担い手の視点から――

荒木　昭次郎
（熊本県立大学名誉教授）

はじめに

このたび、平成二六年度日本地方自治学会が、ここ熊本の地において開催される運びとなり、たいへん光栄に思っております。じつは私自身、熊本出身でありまして、宮崎県との県境近くの生まれです。最近、大字小字の珍地名としてマスコミに取り上げられました[1]【大字「島木」小字「日本国」】という呼び名のところ（平成二六年一月一五日熊本日日新聞）があり、その「小字日本国」の隣集落「小字峰」というところが生誕地です。九州山脈が連なり、いまでは谷間の過疎地とか限界集落とか呼ばれている典型的な中山間地です。

私は高校までを熊本で過ごし、以後京都・東京生活四一年、そして二〇〇〇（平成一二）年四月、Jターンをして再び熊本で生活するようになりました。再度の熊本生活も今年で一四年目になりますが、それでも通算では熊本生活三三年、京都・東京生活四一年ということで、まだ県外で過ごした時間の方が長いわけです。この点、皆さんにとってはどうでもよいことですが、私自身にとりましては、どこでどのような社会生活を体験し、その体験からどんな問題意識を抱くようになり、それが私の研究生活にいかなる影響を与えるようになってきたか、という点と深い関係がありますので、敢えて居住地と居住期間に触れ、私の体験にもとづく田舎と都会の自治の捉え方と展開をみていくことにします。

一　農村自治と都市自治の体験

1　農村自治の実際

さて、私の出身地、いまや過疎地域・限界集落と呼ばれるようになっております「大字島木」（旧小学校区）という地域には、一集落一〇戸程度の集落が一〇箇所点在しております。小学校までの通学距離は、遠いところで一里から一里半もあり、しかも田んぼの畦道のような狭い砂利道ばかりでした。

この地域の産業は、田畑を中心とする農業が主で、ほかには雑貨小売店が三店舗、水力発電所の管理事務所、農協が存在していたくらいです。平地がほとんどない中山間地の農業は、階段状の、いわゆる棚田中心で、里山の尾根伝いに農業用水路（井手）を敷設し、高いところから低いところの水田へ水を落としていく手法がとられていました。だから、農業の生命線である農業用水路の維持補修は大字単位の地元住民（各集落）の仕事となっていたのです。また小字集落間をつなぐ生活道路の新設改良や維持補修は、道普請として地元集落の人々によってなされていました。加えて、当時の住宅の屋根は瓦葺きではなく藁葺きや茅葺きがほとんどでしたので、それらの葺き替え作業も集落単位の共同作業でした。また、田植えや稲刈りといった農作業、生活用水確保のための湧水井川の清掃と管理、冠婚葬祭、寺社祭事なども集落の共同作業で行われていたのです。そうした共同作業は地域住民の融和と集落の維持保全と発展のためには不可欠でありまして、そのためのルールづくりやコスト負担は各集落の寄り合い

（一回／月）で決められておりました。すなわち、地域の生活に関わる問題は地域住民みずからが解決策を諮り、決定し、その結果を自分たちの力で共同処理していく、という自治様式をとってきておりまして、現在でもその寄り合い方式による自治活動は、典型的な農村自治として展開され続けているのです。

かつて、この地の人たちは大人であれ子供であれ、こうした自治様式を、地域で暮らしていくための生活習慣として身につけてきたのです。しかし、昨今では若い人や子供が減少してきていることと社会の変化に対応して、集落の共同作業も少なくなっております。だが、月一回の寄り合い方式は今でも続けられており、地域課題に対処していくこの様式は連綿として続いているのです。

2　都市自治の体験から

私が東京に来て「これが都市自治の実際か？」と思いましたのは、代議政治の行き詰まり現象を都政や都議会の問題に見たときでありました。そこでは大規模政体であるがゆえに自分たちが選んだ代表らで決定し、決定した内容を専門の行政職員が遂行していくという間接的な自治システムを執っており、それが上手く機能しないのはなぜか、ということでした。それに対し、小規模政体の、世帯代表的性格を有しながらも各戸代表が決定作成過程に直接出席して地域課題を掘り起こし、その解決策を話し合いながら決定し、決定した内容を自分たちで遂行していくという、より直接的な農村型自治システムの方が上手く機能するのはなぜか、ということ、このように頗る対照的な、田舎と都会の自治現象に遭遇したからであります。

地方自治制度としては田舎でも都会でも自治運営方式に変わりはないのですが、ただ地域問題に地域住民がどのような関わり方をしながら自治的役割を果たしているかという点では、田舎と都会における住民と自治体の、立場や役割意識に大きな差異があると感じたからです。田舎における住民は、生活の場ではより直接的な自治的役割を果たさざるを得なく、それに対して大都会における住民は生活の場の問題に関心を高めているとはいえ、自治的役割の遂行といった点からは未だ制度上の間接的な方式に依拠している面が強いのです。この点、自治規模の違いを反映し、住民と自治的決定の間に身近性（親近性）の差が現れ、それが自治体の行政にも影響しているのではないかと思ったのです。

東京生活を始めて数年後の一九六四（昭和三九）年、東京オリンピックが開催されました。この頃私は勤労学生でありまして、働きながら大学で学ぶ生活をしていました。そういう状況にあったとき、「区民税の督促状」が区役所から熊本の実家の方に送られたわけです。この「税の督促状」が取り持つ縁で、私は区役所や都庁に出向き、何度も事情説明のやりとりをしました。そして勤労学生に対する税の免除方策はできないものかということを考え、地方自治や地方税に関する様々な文献に目を通すようになっていったのです(2)。

ときあたかも、都庁や都議会の汚職問題が取りざたされており、それがマスコミにも大きく取り上げられて社会問題化し、地方自治に対する都民や大学生の関心も非常に高くなっておりました。そうした出来事と自らの問題とを重ね合わせながら、半ば憤りに近い関心を私も都政に向けるようになり、地方自治の基本理念とか、その仕組みや運営方法のあり方について勉強していくようになったのです。私を地方自治研究に向かわせる契機ないし発端となさしめたのは、以上のような田舎と都会の自治の実体験をしたからであります。

二　地方自治の学問的地位

しかし、当時、地方自治研究は学問的にはコンマ以下の取り扱われ方でありまして[3]、政治学、行政学、憲法学（法学）、社会学など、確立された「学」の中の「一項目」でしかなかったのです。学問には上位も下位もないとは思いますが、位置づけとしては○○学のなかの「一節」か「一項」としてテキストで述べられていた程度でありました。全国の大学において「地方自治」を中心とする学部、学科、専攻課程を設置しているところは五指に満たない状態で、ましてや「学会」ということになりますと「地方自治」を冠した学会は存在していなかったのではないかと思います。

今日では、この「日本地方自治学会」をはじめ、地方自治に関連する様々な学会が設立され、社会科学研究の宝庫として地方自治研究も隆盛を極めております。当時と現在を比べれば、地方自治研究には天と地の差があるようです。

1　「自治」および「協働」研究への誘い

学部時代の私のゼミ論文は「日本における婦人参政権獲得運動過程の研究」でありました。この研究に取り組む誘因としては二つありました。

一つ目は、学部ゼミの研究課題は「政治過程の研究」ということで、各自が研究してきた内容を順番に発表し議論していく形式をとっておりまして、基本となる参考文献は、ペニマン著『ジ・アメリカン・ポリティカル・プロセス』（The American political process / by Howard R. Penniman、Van Nostrand, 1962）でありました。そして、それを輪読しながら進めていくのですが、あるゼミの日、その本の著者であるペニマン先生（黒人の学者）がゼミの指導教員に連れられて突然やってきたのです。ゼミ生六名は全員びっくり仰天しましたが、ゼミ指導教員は学生に対し、各自、英語で自己紹介し、これまで勉強してきたことを踏まえてペニマン先生に英語で質問しなさい、と指示されました。学生は二度びっくりしたわけです。

私は慌てて質問内容を下手な英作文でしたため、人民の、人民による、人民のための政治の中でどれが最も重要な要素か、というようなことを質問しました。質問の趣旨が伝わったかどうか分かりませんが、ペニマン先生は即座に、バイ・ザ・ピープル（by the people）と答えられたのです。

2　治者（支配）と被治者（被支配）の自同性

その理由についてのペニマン先生の英語による説明はほとんど聞き取れませんでした。学生全員の質問が終わった後、ゼミの指導教員がペニマン先生の考えを要訳して下さいました。要するに「バイ・ザ・ピープル」には、政体を構成するメンバーが公正・公平に意見を述べ、それをまとめて社会運営のルール（規範）にしていく大本の役割があるからだ、ということでした。

つまりは、人民（主権者）の意見によってルール（治者＝支配者）をつくり、被治者であり被支配者である人民は、そのルールに従いながら社会を運営していくので、この政治様式では、治者（支配者）と被治者（被支配者）は自同的となる（支配者の権力の淵源は、被支配者たる人民の主権にある）からだ、ということでした。そして、それこそが民主政治様式の根本をなすのであって、民主政治ではピープルは自らの自主（主体）性と自律（自立）性の発揮が必須の条件になるから「バイ・ザ・ピープル」をもっとも重要視している、ということでした。

つまり、民主政治様式を標榜するのであれば、性別に関係なくピープルとしての自主・自律性の発揮をすべての人々に認めなければならないわけで、その点、「自ら治める」という『自治』の概念とも一脈通じるものがあると思ったのです。このペニマン先生との出会いが「性別に関係なく参政権を認めなければならない」という論文作成の一つの誘因になるとともに、自分のことは自分で処理していくという「自治」の研究にも繋がっていったのです。

3　教訓としてのシェアリング（Sharing：分け合い）の哲学

二つ目は、日本における婦人参政権に関する資料は国会図書館以外にほとんど見つからない状況でしたが、唯一、戦災に会わずに貴重な当事者資料として保存されているところを指導教員から紹介され、その資料収集に当たったときのことです。その場所は東京・代々木にあります「婦選会館」および「日本婦人有権者同盟」というところでした。当時、市川房枝参議院議員が館長であり同盟の初代理事長でもありました。資料は禁持ち出しの貴重文書が多く、通いながら貴重資料を書き写す作業に追われていたのです(4)。

そのような作業に従事していたある日、市川先生がお見えになり、ランチをご一緒したことがありました。食事しながら政談論議に耳を傾けておりましたところ、市川先生のお盆の上にある、ご飯、味噌汁、漬け物、焼き魚など、個別のお皿のうち、箸をつけられた皿は空っぽになっていくが、箸をつけられなかった皿は盛られた状態のままにあることに気づいたわけです。先生の食べ方は変だなと思っていると、市川先生は、あちこちの皿に箸をつけて食べている私に、箸をつけたお皿の料理は残さず食べなさい、少しでも残したら食材をつくった人や料理した人に申し訳ないし、満足に食べられない人たちもいることを考えなさい、と諭されたのです。

たしかに食材も料理も人々が汗を流してつくっているわけで、そのようにしてできた食べ物を考えれば、他者とシェアできるような食し方を身につけていくことも一理あるし、残して捨ててしまうような食べ方はよくないということも理解できたのです。そういうわけで、市川先生は箸をつけたらその皿を空っぽにして次の皿の料理を食していく、そうした食べ方をするのだということでした。そこに市川先生の政治姿勢としての「シェアリングの哲学」を垣間見た気がします。「みんなが幸せに！」という目標を共有し、それを達成していくには各人ができる範囲で協力連携していくこと、という市川先生の政治姿勢は、当時の私にとっては強烈なパンチでありました。

他者のお陰で自分は生きていける、だから自分も他者の役に立つことがあればできる範囲で協力していくという相互依存作用や相互補完作用の原理を、ふつうの食事生活の実践を通じて学んだわけです。それ以降私は、人間は互いに依存しあい、互いに補完しあいながら生きていく「社会的存在」であると考え、相互依存や相互補完の原理を「社会的実践原理」と呼ぶようにしたのです。そして、この原理こそ性別に関係なく人々の社会生活における人間関係の根本法則ではないかと考えたのです。これが問題意識をもって参政権の研究に取り組む二つ目の誘因となり、それが後の協働研究にも繋がっていったのです。

以上、どんなインセンティブに突き動かされて論文作成に取り組んだかを振り返ってみました。それによれば、私の研究生活のスタートは、人々の社会生活の現場を貫いている原理の掘り起こし作業とその確認作業ではなかったか、と思いますし、その手法ももっぱら現場を観察・分析して論理を体系化していく作業であったといえるでしょう。

この現場（体験）主義による研究手法は、今日までの四十数年にわたる私の研究生活におきまして一貫しております。私は常に、人々の生活現場における問題は誰によって、いかなる考え方に基づき、どのように解決処理されているか、という観点から分析してきたつもりです。こうした問題意識と方法が、私の地方自治研究や協働研究の中心的柱になっていったと考えます。

三　社会的実践原理の掘り起こしと確認作業の研究手法

「協働」も「自治」も、人々が社会生活を営んでいくうえでの、行為の規範ないし根本的な法則あるいは拠り所になるものといえ、社会生活における必然的な人間関係作用の規準ではないかと考えます。そこでつぎに、そのような「自治」や「協働」が展開されている地域社会や自治行政の現場を観察し、そこで創意工夫されてきた手法と考え方に触れながら、自治」や「協働」の論理構成をみていこうと思います。そして、その論理構成には相互依存関係や相互補完関係がどのように組み込まれているかという視点から、「自治」や「協働」が社会的実践原理によって貫かれていることを先哲の研究に依拠しながらみていくことにします。

1　ロバート A. ダールに学ぶ(5)

私たちが暮らしている社会は右か左か、上か下か、白か黒かという、二分法的に決着つけられる規準だけから構成されているとは限りません。むしろ、両者が混在した状態のなかで人々は社会生活を営んでいるのではないか、と思います。若い頃、どっちつかずの決め方に対し早く白黒つけろと二分法的な考え方をとる場合も度々ありましたが、しかし、社会問題には様々な要素が含まれておりまして、それを解決していくには多面的な考察を加えていかなければならない、と思うようになってきました。たとえば、Xという問題は、Aという要素を六〇%、Bという要素を三〇%、Cという要素を一〇%含んでおり、それらを勘案しながら解決していった方が、多くの人々にとって効果的かつ有益的でありまして、白黒はっきりさせて解決するよりも社会の多様な側面に配慮して解決策を講じた方が、社会の安定性確保と活性化に結びつくのではないかということです。皆さんも最適投入ミックスの「解」を探す研究でそんな経験をされているのではないでしょうか。

かつてロバート・ダールは"Modern political analysis"（2nd ed. Prentice-hall Inc.1970）のなかで、多元主義の論拠として次のように云っておりました。

「教育に影響力のある人が町づくりにも影響力があるとは限らず、ある人は教育には七の影響力があるが、町づくりには三の影響力しか発揮できない」と。

また、こうも書いていたのです。一人の人があらゆる問題の解決に影響力を発揮できるとは限らず、様々な問題領域ごとに、影響力を発揮する人は異なるということ。要すれば、現代民主政治社会は「モノセントリック・ソサイエティ」（monocentric society）ではなく「ポリセントリック・ソサイエティ」（polycentric society）であって、人々は多様な価値観と能力をもって社会運営に参加している、だから今日では、一人の人がオールマイティで独裁的に社会を運営しているのではなく、多様な人たちの叡智と技法と資源を取り入れながら諸問題を解決処理し社会を運営しているのであって、そのような運営システムが現代社会には望ましいのではないか、ということです。ダールの研究成果であるpluralism, polyarchy, Who governs? の根底にはそのような考えと論理が横たわっていると受け止めたわけです。

2　「自治」と「協働」にみる多元性

「自治」には、個人的自治とか集団的自治といった使い方や、私的自治とか公的自治という使い方があり、しばしばそうした使い方に出会います。また、「協働」には複数主体による共有目標の実現手段が含意され、単一主体による目標の実現手段は含まれていません。これらはいったいどういうことでしょうか。

そこで、自治や協働の機能と構造を理論的に説明する手段として、ロバート K. マートンの「中範囲の理論」を念頭におき、その概念を解剖してみます。

まず、「自治」について個人的・集団的と公的・私的という場合の内容にグラデーション（gradation）をつけてダイアグラム化し、自治の概念構造を考えてみましょう。

図1　公共性（私的性）の概念

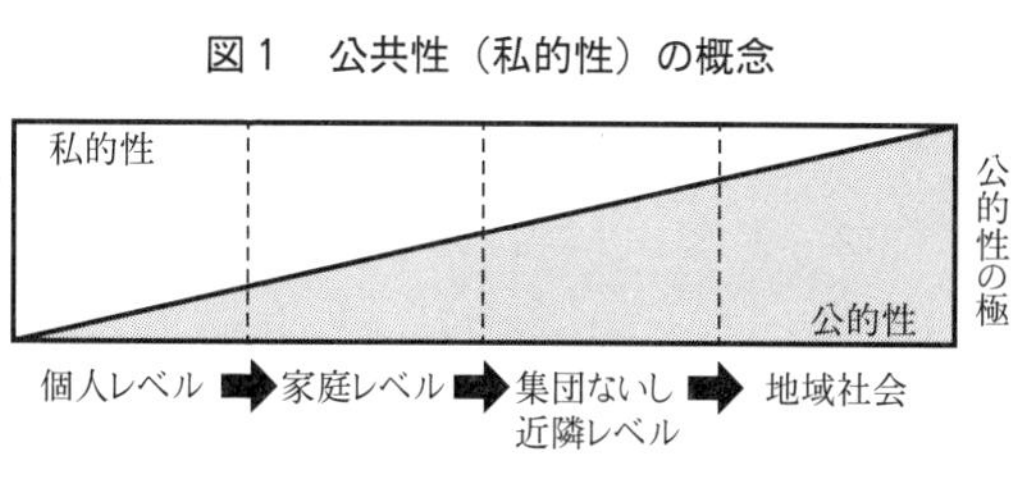

まず、連続体の一方の極に「私的性」をおき、他方の極に「公的性」をおいた長方形を図示し、縦軸左下の「私的性」一〇〇%状態から縦軸右上の「公的性」一〇〇%状態に沿って対角線を引きます。私たちが暮らしている社会は両極の中範囲にあり、その中は私的性と公的性が混在した状態であるのです。そこで、縦軸左側の私的性の極は個人が自由に、自らの問題を自らの考えで自主自律（自立）的に解決処理していく自治状態であると位置づけます。逆に、右側の極は、住民代表である議会が決定したことを、税金を使って行政が法令に

基づき解決処理していく自治状態であると位置づけます。そして、図示した対角線に沿って左から右に進みますと、長方形の中心は私的自治と公的自治とが半々に混在した状態を示し、この中心から左へ進めば私的自治の性格が強くなり公的自治の性格が弱くなる、右へ進めば公的自治の性格が強くなり私的自治の性格は弱くなる、というように示すことができるのです。

そこで、私たちの日常生活はどこでどのように展開されているかということを、個人レベル、家庭レベル、近隣レベル、集団レベル、地域社会レベルとして設定し、各レベルの自治活動と性格を勘案しつつ、連続体のどの辺りに位置づけられるかを考えてみましょう。

まず個人レベルでは、個人が自由に考え行動し、その行動結果には自らが責任を有するが、そうした自治活動は他者には影響しない範囲の、個人の気儘な活動として挙示することができます。そのような活動を連続体上にプロットすれば、それは私的性の極に最も近い私的自治活動と位置づけられるのではないでしょうか。

つぎの家庭生活レベルでは、その家庭の構成員にとって有効なルール（家訓）とそれに基づく家庭の自治活動（行動と責任）が、その構成員には求められます。しかし、他の家庭の人々にとっては当該家庭のルールと自治は有効ではありません。つまり、当該家庭の自治はその家庭にだけ有効なルールをつくり、それに基づき当該家庭だけに有効な自治を営むわけで、それ以外の人々にとっては、当該家庭に有効な自治は私的自治の性格をもつと見做されてしまい、その有効領域も当該家庭に限定されます。したがって家庭の自治は連続体の中心よりも私的性寄りの左側に位置づけられることになります。

続いて近隣住区レベルの自治活動を考えてみましょう。これは個人や家庭レベルより空間的には広くなり、また自治機能的には個人や家庭の領域を超えて住区の人々にまで影響を及ぼす、かなり公的な性格を帯びた活動になります。だからといって当該住区の自治ルールが他の住区にも全面的に有効であるかといえばそのようにはなりません。それは各住区により住区の特性や自治ルールの決め方などが異なり、多様性があるからです。そのことを反映して、当該住区の自治運営には有効であっても他の住区の自治運営には有効でない部分もでてくるのです。しかしどの住区の自治活動も住区の公益性を追求する自治活動であることには変わりありません。その意味で近隣住区レベルの自治活動を連続体上にプロットすれば、それは連続体の中心よりかなり右側の、公的性の濃い位置になると考えます。

加えて集団・団体レベルの自治活動を観察してみましょう。ある活動を行うために組織化されたり結成されたりする集団や団体は、その活動の目的と内容によって私的性・公的性の濃淡は区々のようです。活動する空間や機能が狭小であっても、公（共）益追求活動（公的性）を前面に出し、私益追求活動（私的性）をしないと宣言したり、その証拠を活動内容の公開によって示したりするところもあり、それらの集団・団体の大部分はその設立趣旨や活動目標のなかに社会貢献を謳うようになってきております。その意味で集団・団体の自治活動を連続体上に位置づけるとすれば、連続体の中心よりもかなり右側（公的性寄り）に位置づけられます。しかし、当該集団や団体だけに有効であって他の集団や団体には有効でない、私的な自治活動部分もある場合は中心より左側に位置すると考えられますので、集団や団体の自治活動の性格は中心に近い左右の領域にわたっての、私益性と公益性を含んだ共益領域ということができます。

最後に地域社会レベルの自治活動をみてみましょう。このレベルになりますと、その活動のほとんどは地域の課題を掘り起こしてその解決策を図り、地域社会の円滑な運営と維持発展のための、自治活動となっているようです。それゆえ、地域社会レベルの自治活動は、個人、家庭、近隣、集団や団体の各レベルの自治活動の公的性を超えて、その性格をさらに強くした自治活動である、と見做すことができますし、地域における住民自治の基盤を形づくるものとなっているようです。したがって、連続体上でみれば、その自治活動の性格は公的性の極に近い一番右よりの領域に位置づけられるのではないか、と考えます。

以上、「自治」について、その目的と活動内容から公・私の性格づけを行い、連続体上に自治活動主体の位置をプロットしてみますと、どの主体はどのような理由で、どの辺りに位置づけられる自治活動主体であるか、大雑把ではありますが概略明らかにすることができるのです。

公・私の位置づけを考える場合、今一つの捉え方としてサービスの分類手法からアプローチする考え方があるようです。私たちは、政府が提供する行政サービスを「公共サービス」と見做しています。それは、そのサービスの生産と供給にかかる費用はすべて税金で賄われていると考え、また、利害の統合も市民意思を介してなされ、諸価値の権威的配分も合理的になされてきた結果のサービスと受け止めてきたからです。しかし、こうした捉え方は一面的すぎます。公的領域と私的領域の間でさえ相互作用が働き、政府サービスの生産供給には公務に従事する人や税金だけでなく、民間のエネルギーや資源も投入されて生産供給されているのです。

この現実をみると、公共サービスは政府が公務従事者の手により税金を投入して生産供給するもの、といった概念では説明しきれなくなります。この点を明らかにするため、サービスの生産供給過程に投入される諸資源の性質を分析し、また、サービスの消費側面における特質を析出して、それらをダイアグラム上に任意に配置してみせた手法がありますので、その内容を紹介し参考に供するとしましょう。そのうえで最適投入ミックスという課題に取り組んでいく必要があると思います。

図2　消費特性から見たサービスの特性分布

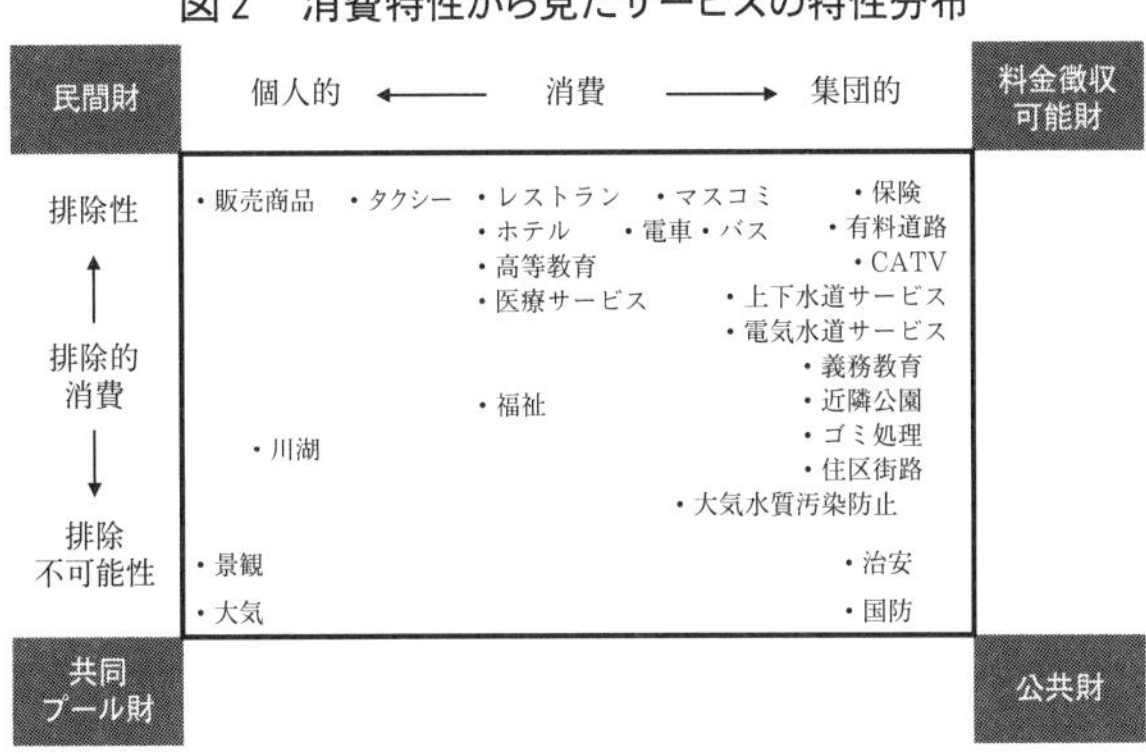

3　エマヌエル S・サバスのサービス分類法に学ぶ(6)

コロンビア大学のエマヌエル S．サバス教授は、政府サービスには実に多様なものがあり、それらを消費特性からみてどのように分布させることができるかという視点から、図のようなダイアグラムに配置して見せました。

上のダイアグラムについて簡単に説明しておきましょう。エマヌエル S．サバスは四角形のダイアグラムを描き、それぞれのコーナーに財のもつ特性を配置して上図のような「消費特性からみた財やサービスの特性分布」を挙示しています。

この図によれば、左上コーナーは店舗に陳列されている商品で、消費者個人は誰でもお金を出して購入できる、という意味で民間（私的）財といわれます。しかし、お金を持っていかなければ売ってくれないので、排除性の高い特質をもつサービスであると言うことができます。

右上コーナーは電気・ガス・水道・有料道路・電話などのように、一定料金を払えば誰でも消費可能なサービスであり、お金を払えば誰でも消費できるが払わなければ排除されます。その意味で民間財と同様に排除性をもちますが、どんな人々や集団でも平等に消費できるという点で、共同（集団）消費財としています。

左下コーナーは、大気、海、湖沼、緑、景観などのように特定供給者はいませんが、消費者個人がお金を払う必要もなくて楽しめるサービスであり、後世に残し受け継いでいくべき人類皆のもので、当然のことながら排除性は働きません。それをここでは共同プール財といっています。

右下コーナーは、国防、警察、環境汚染防止のように、すべての消費者が皆、お金を払わずにそのサービスを受けられる、つまり、排除性なくして皆がサービスを受けることができるという意味で公共財と呼んでいるものです。

この図の、いま一つのポイントは、各コーナーの位置づけとは別に、このダイアグラムの横線と縦線に付与されている意味づけです。この点について若干触れておきましょう。まず、縦線はサービスの消費特性からみて排除性が働くサービスか、それとも排除不可能なサービスかということを示します。横線は個人的消費のものか（潜在的な消費者がサービスの供給を拒否される性質のものか＝排除性）、それとも共同集団的消費のものか（サービスの量と質を損なわずに多くの人が一緒に消費することができる性質のものか＝共同性）ということを示しています。これら縦・横のもつ意味はサービス分類の指標の意味をもつといえるでしょう。

以上のことから、ダイアグラムの横線は左から右に向かってサービス消費が個人的から集団的になっていくことを示し、縦線はサービス消費の排除性が上から下に向かって〈排除性が強い→排除不可能性へ〉を示しているのです。

サバスのサービス分類手法をつぶさにみていくと、ダイアグラムのなかにプロットされている様々なサービスの位置にも、それ相当の意味と理由がありそうです。たとえば、公共的サービスは誰もがサービスを受けられる共同的消費の性質と排除不可能的消費の性質をもつもの、ということができます。しかし、政府サービスとか行政サービスとか呼ばれる公共サービスの中には、上の説明から消費における「排除性の濃淡」と「共同性」との組み合わせによって幅があり、「公共性」の強いサービスかどうか、あるいは住民と行政との協働によるサービスの生産供給が成り立つかどうか、という課題も提起しているようです。

たとえば、自治行政が提供しているサービスの中には

①共同的消費の性格は強いが排除的消費の性格は弱いサービス、

②共同的消費の性格も排除的消費の性格も強いサービス、

③個人的消費の性格が強く、排除的消費の性格も強いサービス、

④個人的消費の性格は強いが排除的消費の性格は弱いサービス、

があり、それぞれのサービスにはその消費の特性の組み合わせからみて「公共性」に強弱がみられるようです。このことはサービスの生産供給体制や費用負担のあり方と、住民と行政とがどのように協働しコスト負担しあっていけばよいかということの問題も提起していると思います。この点に従来の公共サービスの概念を一歩前進させ、自治行政学としての基盤形成にそれが寄与しているといえるのではないでしょうか（現場における最適投入ミックスの更なる追求）。

では、自治行政の現場ではその点をどのように受け止めて対応しているのでしょうか。つぎに、サービスの協働生産体制とコスト負担のあり方を、自治行政の現場の取り組み状況から接近してみましょう。

四　行政サービスの生産協働体制と生産供給コスト負担区分の考え方

1　レークウッド・プラン[7]と日本の自治体の考え方

サービスの分類方法から得た知見をもとに、再び連続体概念に立ち戻って考えてみましょう。日本の自治体の中には行政サービスの性質に応じてその生産供給体制とコスト負担のあり方を模索しているところもあるようですが、具体的に取り組み、成功している自治体を聞いたことはありません。

私がこの問題に関心を抱きましたのは、ロングビーチ市の後背地に位置するレークウッド市が、コミュニティから自治体になるときに工夫した契約行政方式を調査したのがキッカケであります。財政基盤の貧弱なコミュニティでも自治体になれる方式として全米に広まった方法で、「レークウッド・プラン」と呼ばれ、州のサブディヴィジョン・コントロールに対する自治体の対応です。

簡単にその内容を紹介しておきましょう。契約行政方式とは、法人格を持たない地域のコミュニティが、法人格を取得して自治体になりたい場合に、そのための諸条件を整え、州議会の承認を得るために工夫開発した自治行政の運営方式です。問題は、自治体になる一定条件の中に、それまでカウンティが提供していた行政サービス水準を下回らないことという州の統制条件があり、この条件をクリアするための工夫だということです。日本の自治体のように総合的な行政を行うのではなく、アメリカの場合は基本行政を除けば、後は選択的に対応していくことが可能ですので、その点、コミュニティ住民の同意を取り付けていけばよいわけです。それでも初めて自治体になって税目、税率を設定し、カウンティ行政サービス水準を下回らないように専門職員を雇い、サービスの生産供給を行っていくことは、自治体運営としてはたいへん厳しい面があるのです。この困難を乗り越えていかなければ自治体になれないわけで、その便法として編み出されたのが、個別の行政サービスを、カウンティをはじめ、周りの自治体、民間団体、地域住民組織などと契約して生産供給していく方法です。これによれば、一自治体として丸抱えで生産供給していくよりも経費は半分近くですみ、その分、税金は安くなり、住民の支持も得られやすくなり、住民自治の充実強化に繋がるという特徴があります。要は、どんな行政サービスであれば、どのような主体と契約できるか、契約といえども一種の協働であるわけで、経費面だけでなく、専門的な知識や技能面、さらには、自治充実面にも配慮した契約先の選び方が求められるのです。この方式はいわば協働型自治行政の一つのパターンともいえるものですが、日本の自治体の場合はどうでしょうか。下図で見てみましょう（神戸市・秦野市・多摩市の取り組みを参考）。

先に、コミュニティから自治体になって自治行政を運営していく方式をレークウッド市にみたのですが、日本の自治体の場合はどのような考え方で取り組もうとしているのでしょうか。上の二つの図は日本の自治体におけるサービス分類と生産供給コストの負担区分の考え方を示したものです。最初の図は人が暮らしていく上で必需的なものと選択的なものを縦軸にとり、横軸は消費面からみて公益的か私益的かを表しているもので、両者をクロスさせて各象限に該当する性質の行政サービスを配置して見せたものです。次の図は、そうしたサービスの生産供給に要する費用負担を各象限の事業領域の性格に合わせて区分したものです。こうした日本の自治体の考えは、先のサバスのサービス分類方法によって導き出されたサービス生産協働体制・コスト負担区分のあり方や契約行政方式でのサービス生産協働体制・コスト負担のあり方においてみられた多元的主体の自主自律性発揮や各主体間の協力連携の考え方とオーバーラップするところがあるのではないでしょうか。そのことを、連続体概念を借りて次図で示しておきましょう。

図3　自治体における行政サービスの分類枠組み

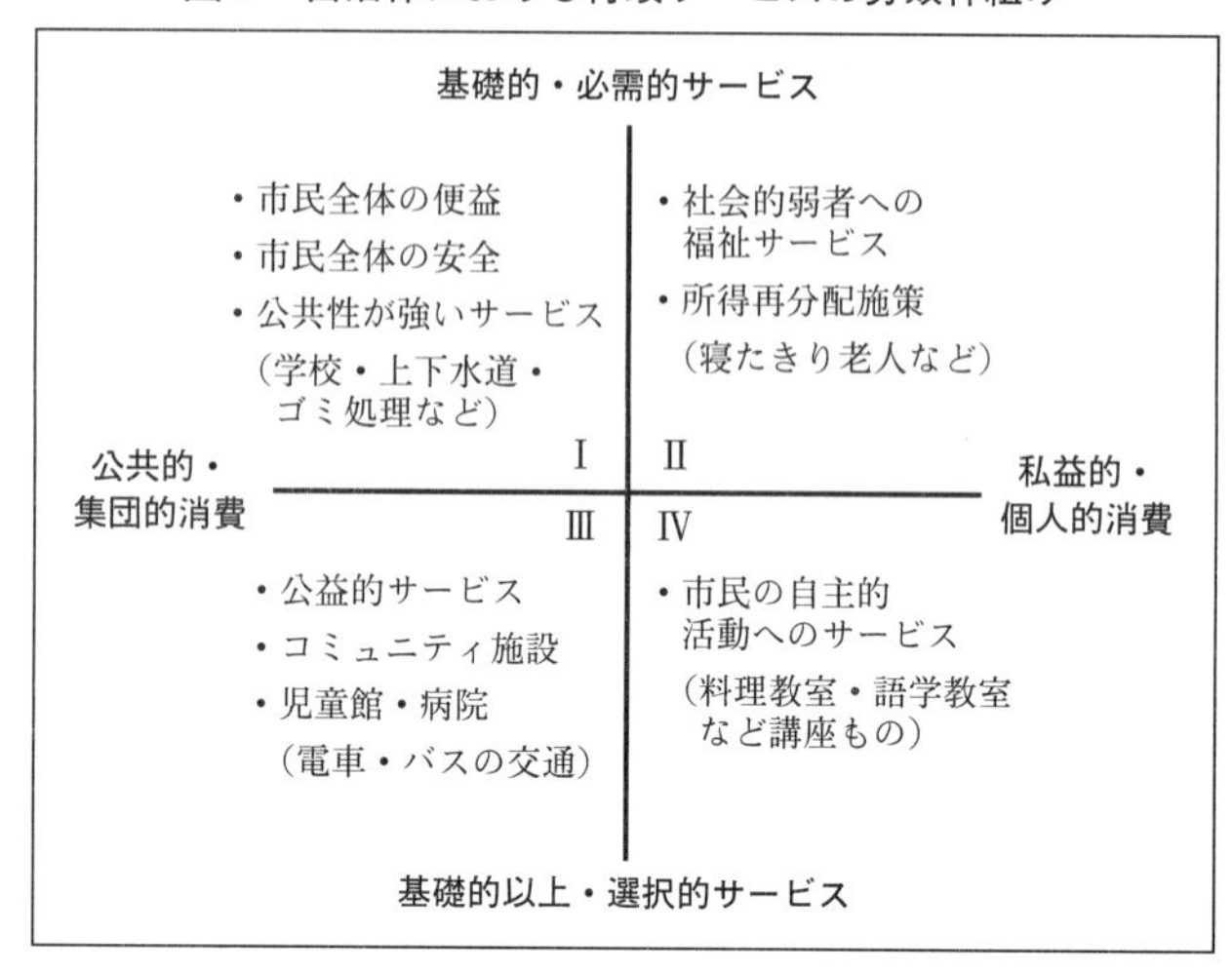

図4　政府サービスのスクリーニングと協働可能領域

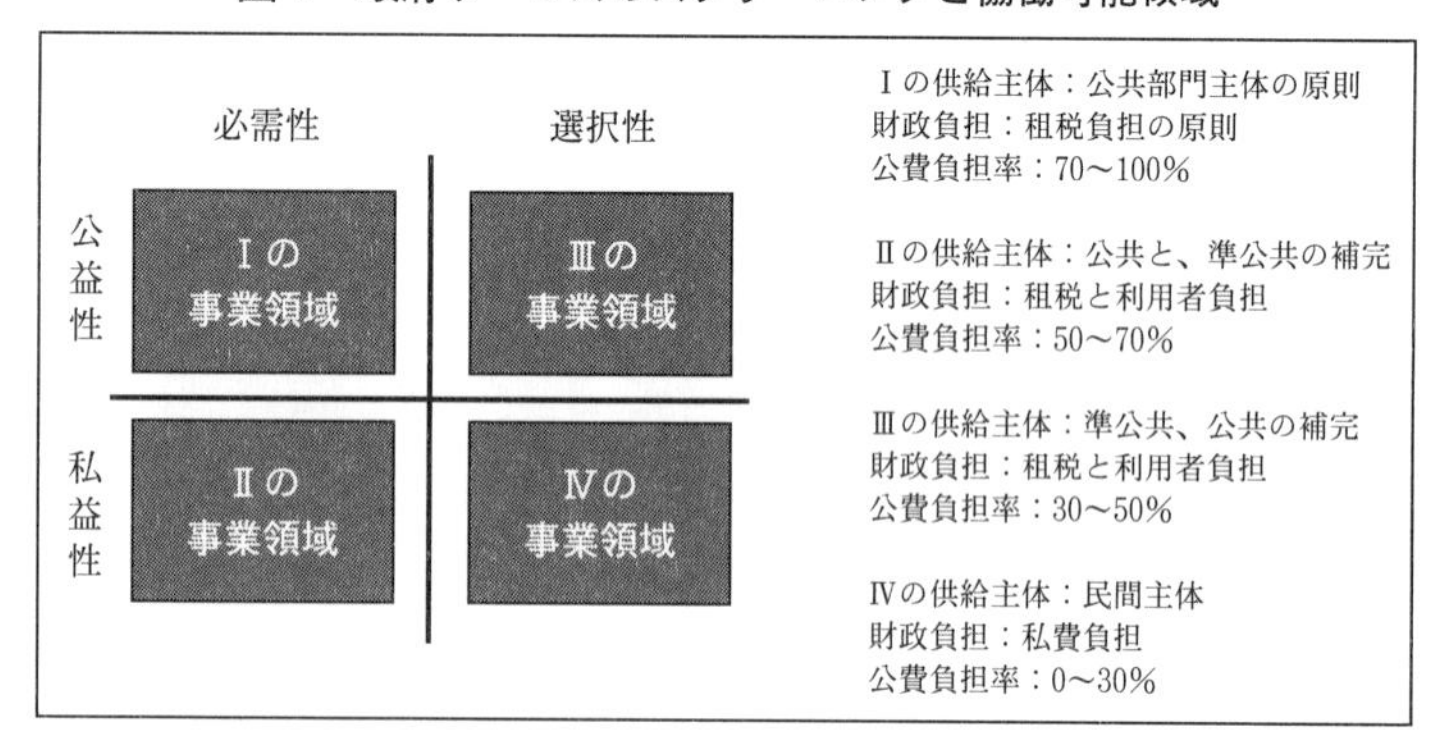

図5　行政サービスの生産協働体制とコスト負担区分の概念

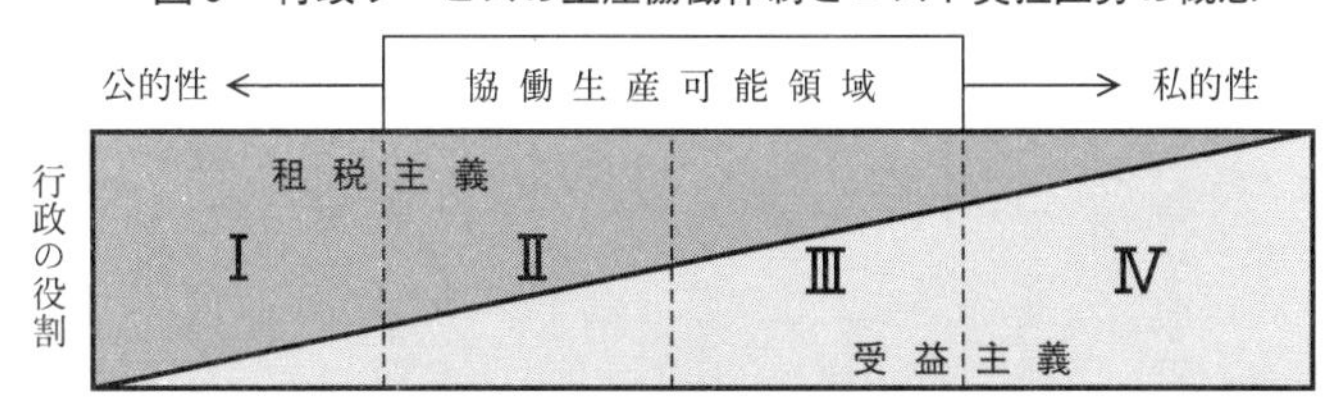

図6　「公・共・私」領域の考え方

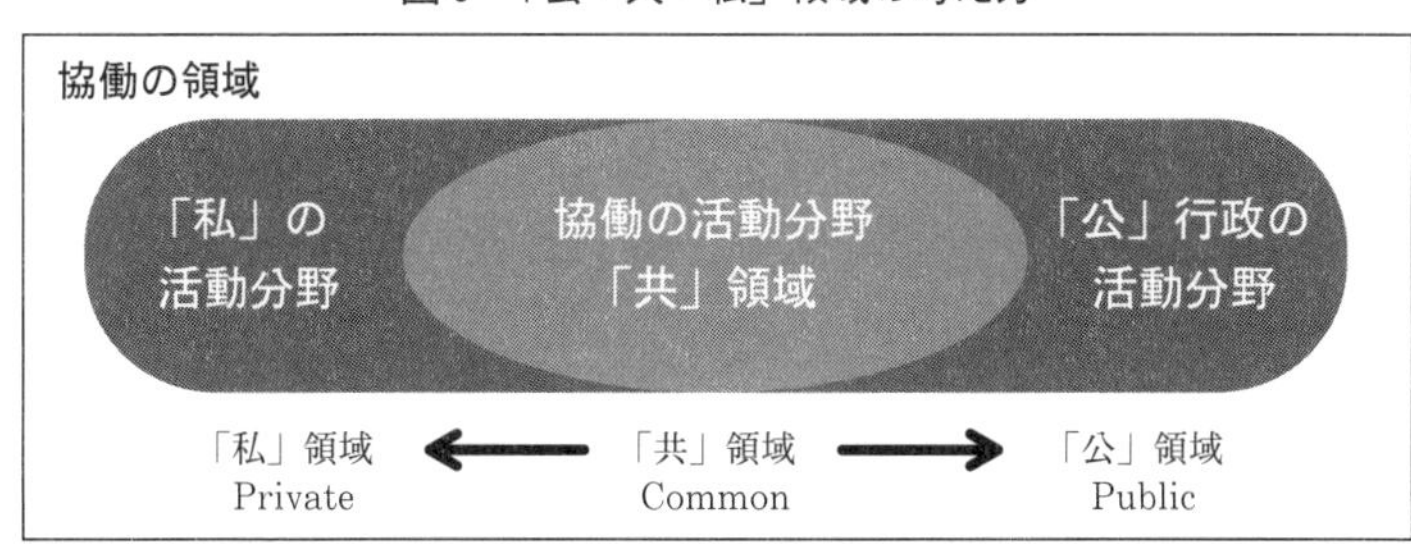

これは、公的性の強いサービスは行政がイニシアティブをとって生産供給し、逆に、私的性の強いサービスは市民がイニシアティブをとることを示しています。中心の縦線から、左側では行政が、右側では民間がイニシアティブをとりつつ、費用負担も租税主義主導か受益主義主導かの観点に立ち協働していくのです。ここではⅡとⅢの領域を協働生産可能領域としています。

2　「公・私」の連続体にみる手段概念としての「協働」と「自治」の関係

「協働」は複数の主体が協力連携して共有目標を達成していくための手段であり、組織的集団作業として位置づけられます。つまり、「協働」はあくまでも手段概念であって目的概念ではないということです。

そこで、先の連続体に位置づけた各主体の私的自治性と公的自治性の強弱やその有効範囲の広狭を考慮にいれて、ある問題の解決にあたってはいかなる主体がどういうやり方でイニシアティブをとっていけば、「協働の効用」は大きくなり、自治の充実・強化に結びつくか、について、コプロダクションの理論を参考に考えてみたいと思います。

五　コプロダクション理論に学ぶ

地域社会が直面している問題を複数主体が掘り起こし、それらの主体が互いに知恵を出し合い、地域住民の声を聞いて地域社会の目標を設定し、その目標達成のために協働していくことを「組織集団的自治力」と呼ぶことにします。そして、この組織集団的自治力が強まっていくことを「協働の効用」と位置づければ、そこに「協働」と「自治」の不可分の関係性をみてとることができるのではないかと思うのです。以下の行論は末尾の参考文献を参照しています。

このような論理関係を教えてくれたのは、ヴィンセント・オストロム教授が提唱した「コプロダクション」理論でありました。ヴィンセント・オストロム教授によりますと、この考えはヴィクター・フクスの「サービス経済における生産性向上に関する研究」において「サービス生産はその正規生産者だけで生産した場合、その生産性向上にはすぐに限界が生じる。それを乗り越えるには、サービスの消費者である非正規生産者を生産過程に参加させ、正規生産者と非正規生産者とが一緒になって生産に従事した方が生産性は向上する」（Victor R. Fuchs, "Service Economy", Columbia University Press, 1968）という論理に触れたからである、ということでした。

すなわち、サービス産業における生産性研究がわれわれに与え続けている一つの教訓は、その生産過程における協働行為者としての消費者の重要性です。この点は財生産産業における生産性の分析では省略されています。たとえば、自動車産業の生産性は運転者が利口であるかどうか、あるいは運転者が注意して運転するかどうか、ということには左右されません。しかし、サービス産業の生産性に関していえば、消費者はその生産に重要な役割を果たしているのです。

さらに、ヴィクター・フクスの生産性研究は政府が給付するサービス分野にも援用できるのではないか、と考えたのが、ワシントンD.C.にある都市研究所（The Urban Institute）の研究部長であったハーヴェイA．ガーンでした。彼はその点に関し次のように述べています。

「社会的プログラムによってサービスされるべき顧客は、自らの福祉を高めてきた過程においてただ受身的に関わってきているだけとはいえない。健康、教育、所得などの向上を図ることは、サービスを給付する側の営為だけでなく、それを受けている人たちも関わっていることがわかる。それゆえに、顧客の福祉を高めるように構想されたサービスは、財が生産されるのと同じ方法では生産され得ない」と。（Harvey A. Garn and Michael Springer, Formulating Urban Growth Policies : Dynamic Interactions among people, place and clubs, The Urban Institute, October 1973）

このようにコプロダクション（協働生産）に含意されている内容をみてくると、民間サービス部門だけでなく、政府が給付するサービスの生産過程にも、サービスの消費者たる市民の関与があってこそ、その目標たる生産性向上が達成されていく、ということが理解されるのではないでしょうか。この考えは「単一主体によるよりも複数主体による協働作業の方が生産性は高くなる」ことを示し、そのことは、協働の効用が大きくなって、協働に参加する主体の「自主自律性」の発揮にも繋がっていくと考えられます。

この論理に基づけば、個人が集団や団体に加入し、それらの目標設定過程やその達成過程における役割責務について、各主体が積極的かつ自由に、そして公正・公平に意見を述べる機会が保障されるならば、個人であれ集団や団体であれ、協働体に参加することにより各主体の自治性と協働の効用は高められていく、と考えられます。では、そのためにはどうすればよいでしょうか。

そこで次には、どのような協働体、つまり、組織集団的作業体制を整えていけば「協働の効用」は大きくなり、また、その構成員たる個人や集団・団体の自主自律性と自治力は強化されていくのか、について考察していかなければなりません。では、そのためにはどういった「協働の基本的条件」が必要かを考えてみましょう。

六 「協働の基本条件」整備について

先に示した「公・私」連続体の中心点における「公」と「私」の割合はそれぞれ五〇％でした。ここを公私の利益を含んだ「共益性」の頂点と位置づけ、公と私の主体が対等な立場で知恵や技法と資金や労力を出し合うことを協働の基本的条件とし、その内容については参加主体が協議し決定していくことが前提になります。つまり、協働に参加する各主体が対等な立場で事前協議を行い、そこで協働のルールをつくり、各主体の役割（活動範囲）と責任を明確化していく、こうした基本条件を整えていく過程こそが協働と自治にとっては頗る重要になるということです。その基本条件としては何が必要であるかを明らかにしなければなりませんが、その前に、自治体で実際に展開されている協働がどのような問題を抱え、批判されているか、また、協働と自治の関係はどのような状態にあるか、を一瞥しておきましょう。

1　自治体の協働政策の実際に対する批判

現在、日本の自治体で取り組まれている協働政策は、公である行政が一元的にイニシアティブをとり、行政のルールに基づいて進めていく傾向が強く、そのため、協働に参加する各主体の対等性が確保されていない感じがします。だからしばしば、「協働」は行政の下請けとか、行政のコスト削減の便法ないし隠れ蓑とか揶揄され、本来ならば、自治の主人公である市民は行政を使う立場にあるのに、なぜ、行政と一緒に仕事をしたり行政に使われたりする必要があるのか理解できない、本末転倒ではないか、と批判されるのです。

その原因を探ってみますと、直ちに次のようなことが指摘できます。組織集団的作業体制としての協働に参加する主体間に対等性が確保されていない、主体間に達成すべき目標の共有がなされていない、行政以外の主体は二重のコスト負担になっていることに気づかない、協議の場における参加主体の課題認識が区々である、各主体は社会貢献と労力提供を混同し、協働に満足している、行政主体は協働を節約と効率面に焦点を当てすぎている、などがそうです。

他方、協働の一主体であるはずの行政は他の主体と協議をし、協働目線でのルールをつくり対応していく経験に浅く、協働を既存の法令と前例踏襲で進めがちであるばかりか、行政事務局主導型の「協働」を推し進めようとするのです。これでは名ばかりの協働であり、真の協働体制は確立できないでしょう。

2　批判を乗り越えるために

「協働」という手段を駆使して地域社会の課題を解決処理していこうとする場合、そのような批判は一つ一つ乗り越えていかなければならないのですが、それには協働の仕組みづくりと、その運営の基本的条件を整えておくことが必要であります。そこでつぎに、協働の仕組みづくりにはどんなことが必要か、その仕組みを動かす場合のポイントとなる点は何か、協働の担い手としてはどんな人材が求められるか、協働体制の運営にはどんな基本的ルールが必要か、などについて考えてみます。

まず第一は、多元的主体による協働の仕組みづくりをする場合に念頭におくべきことです。これには次の五点が基本的条件になると考えます。

(一)各主体は目標の共有化を図らなければ協働できないということ
(二)協働に参加する各主体は上下関係でなく並立・対等の関係であること
(三)各主体は目標達成に向けて人材や業務を相互に補完しあう関係を確立しておくこと(各主体の異質性を認めて補完しあうこと)
(四)各主体は協働結果に対する責任の共有化を確立しておくこと
(五)各主体は互いに多様性を尊重しながら大きな目標の達成に勤しむこと

第二は、集団的作業組織としての協働の仕組みを動かしていく場合、どんな点に配慮すべきかで、これにも次の五点が基本条件となるでしょう。

(一)目標達成のために異なる主体からなる組織をどのように編成していくかの原則を確立すること、たとえば類似・共通業務の集約化と異質多様な専門性を帯びた業務同士の協力連携を図り、組織化していくこと
(二)多様な専門性を発揮しやすくする媒介機能を明確化し、その関係構造を明らかにしておくこと(図8モデル(2)を参照)

(三)協働体を一つの経営体とみなし、その経営能力を評価すること
(四)協働体の経営資金の調達方法を確立し円滑な目標達成につなげること
(五)各主体間の専門的な知識や技法と情報の交換を促進し、目標達成に向けて互いに補完しあうこと

第三は、協働の仕組みを動かすのは「人」であるから、それにはどのような能力なり性格なりをもった人材が必要か、そしてそれらを発掘したり養成したりすることが基本条件となります。これには達成すべき目標内容にもよりますが、一般的には「七人の侍論」にみられる人材が求められましょう。

(一)こんなことをやったら良いのではないかと発案・提案する人＝planner
(二)様々な人材を目標達成に向けて牽引しまとめていく人＝leader
(三)問題の内容を考え、どうすれば効果的に解決できるかについて工夫・調整し、組織成員を解決の方向に仕向ける知恵者＝deviser
(四)目標達成意欲が高く、異なる主体とも求道尊異の考えをもち大目標に向かって一緒に汗をかく人＝facilitator
(五)目標達成のための集団的作業を側面から援助するかたちで協力してくれる人＝supporter
(六)社会の動きと人々の暮らしを鳥瞰し、問題解決が特定方向に偏らないようにバランスをとって進める能力のある人＝intermediator
(七)どんなに立派な提案でも同調したり支持したりする人が増えなければそれは成就できません。だから提案に賛同し、一緒になってそれを進める人＝sympathizer（提案同調者）の輪を広めていく必要があります。

第四は、行政から独立し、自主自律的な協働体を有効に、そして効果的に動かしていくためにはその

ための運営ルールが基本的に必要です。とくにここでいう協働体は異なる主体の集合体であるだけに、そのルールが確立されていなければ目標達成に向けての集団的作業組織は動かなくなります。では、どんな内容を盛り込んだルールがそれには必要でしょうか。協働政策が行政の下請けと批判されないためには、なによりも自主自律的な組織編成であること、組織の活動目的を謳うこと、組織の意思決定の方法を明示しておくこと、等々を列挙しておく必要があります。なお、「組織」は新体制の協働組織を指します。

(一)「組織」の名称を謳うこと
(二)「組織」への参加資格を明示すること
(三)「組織」の構成員(個人・集団・団体)を明示すること
(四)「組織」の活動目的を明らかにしておくこと
(五)「組織」に参加する各主体の協定締結事項を示しておくこと
(六)「組織」事務局の役割と責務を事務分掌規程で示すこと
(七)「組織」の構成を明示すること
(八)「組織」の総会ないし全体会の役割を規定しておくこと
(九)専門分野別のワーキング・グループ設置に関する規定を明示すること
(一〇)「組織」運営委員会の設置規程と役割機能を明示すること
(一一)「組織」の役員選出方法とその役割規程を明示すること
(一二)「組織」の意思決定の方法を明示しておくこと
(一三)「組織」の活動内容を一般市民に情報として提供すること

（一四）「組織」運営会議の公開に関すること
（一五）「組織」の会議運営に関するルールをつくってオープンにしておくこと
（一六）他の主体との新たな協働の輪拡大の協議に関すること
（一七）その他社会的要請への対応に必要な事項に関すること

以上、四点にわたって組織的集団作業としての協働に関する基本的条件を例示してみました。おそらく、これらを整えていくことは簡単なようですが容易に作れるものではありません。とくに重要な点は、協働に参加する各主体が互いに自治性を尊重しあい（求同尊異の精神を発揮すること）、各主体からなる協働体としても内発的な自治の充実・強化を促し、その発揮へと繋げていく点にあるということです。それは、協働行為者が協働の基本的条件を整えていく過程で必然的に身につけていく効用かもしれません。この点、農村自治に見られたように、人々の日常生活に不可欠な相互依存と相互補完の活動を通じて、地域社会の維持と融和と発展を図りながら、生活感覚で身につけていく活動様式と同じ効用ではないかと思うのです。その意味で最後に、組織集団作業体制としての「協働の仕組みモデル」を示し、協働と自治の実際を社会的実践原理として理論的に説明する構図を示して終わりたいと思います。

下図のモデル（1）は、戦災に遭わないで木造長屋風の家並みと消防車や救急車も通れないような細路地の街を火災や水害や震災から守るために立ち上がった大学生グループの「わいわい会」と向島地域の各町会との協働体制で、行政とは直接連携せず、提言しながら行政をリードしていく民・民主導の協働組織です。活動目標は各町会の防災カルテづくりと街状況に関する「瓦版」の月一回の発行で、参加者は必ず「一言を言う」こと、互いに街の防災について気づいた「アイディア」を「わいわい」云いながら意見交換していくこと、といった活動を展開していく協働組織であるのです。

図7　協働の仕組みづくりモデル（1）

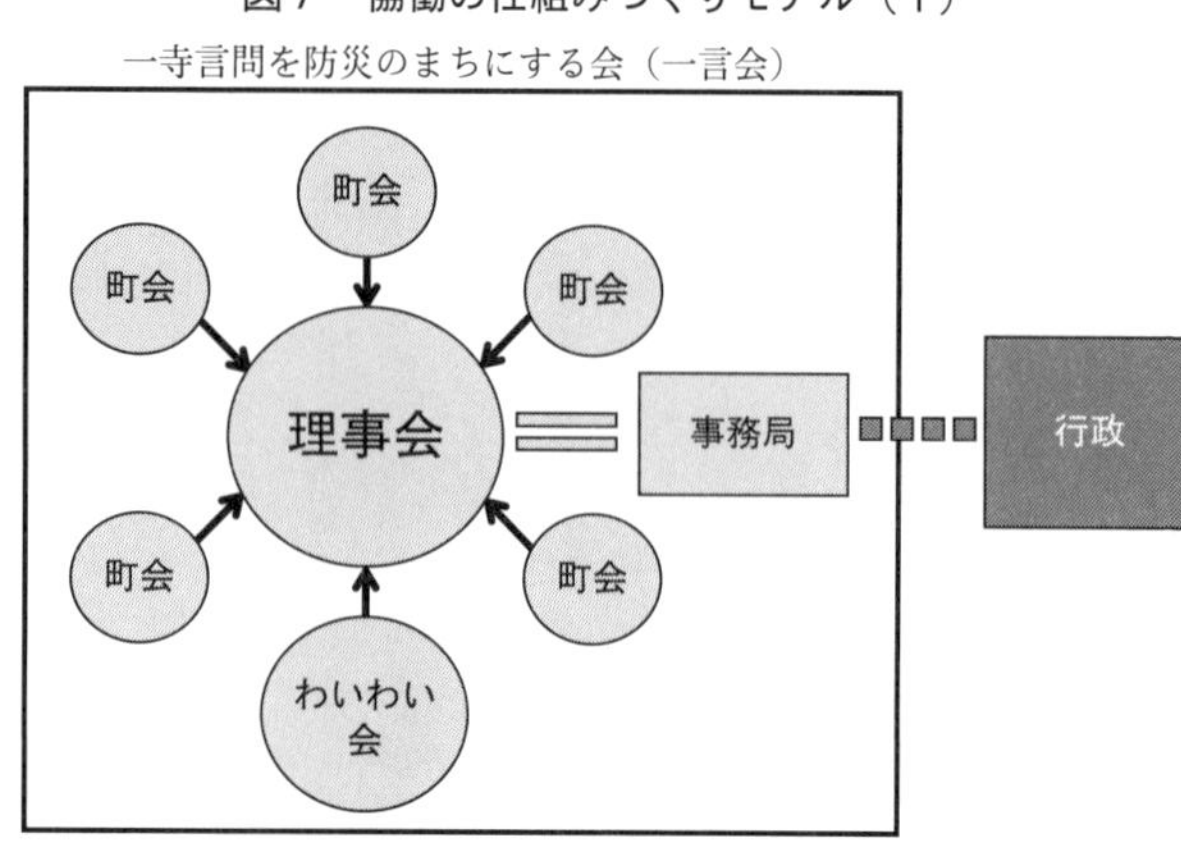

もとより、墨田区としては戦災に遭わなかった地域の街並みや細路地住宅地の災害危険性を強く認識していて、都市政策的にも対応しなければならないと考えていたのですが、当該地域に長年にわたって生活してきた住民たちの考え方と墨田区行政の政策方針との間にズレが生じ、区としてはしばらく様子をみる状態にあったのです。ちょうど、そういうときに大学生グループの「わいわい会」が防災のまちづくりの研究の一環として街状況を調べ、かつ、地域住民の防災まちづくりに対する意識調査を実施したのです。その結果を踏まえて、向島一丁目から八丁目にかけての白地図上に、単なる危険箇所の指摘だけでなく、住民の意向や地域の歴史・文化を掘り起こしてプロットしていったのです。

そして、防災上の問題を明らかにしていくとともに、その解決策をめぐって意見交換していったのでした。が、どうしても当該地域の日常生活者である町民の声を反映させなければ有効な防災まちづくりはできないと考えたのです。そこで「わいわい会」のメンバーたちは、一丁目から八丁目にかけての町内会にそのことを伝え、一緒に防災まちづくりについて考えていきましょうと働きかけました。その結果、行政の考えにはネガティブであった各町会も学生の申し出には素直に耳を傾けてくれたのでした。これが防災のまちづくりにおける民・民協働のはじまりで、この協働によって得られた内容をまとめて行政に提案していく方法を採っていったのです。

モデル（2）は、習志野市と多摩市と世田谷区における地区担当職員制度とそれに対応する地域住民側の活動組織との協働を参考にしてモデル化したものです。行政組織は職務分掌規程にそって定められた業務を処理していく、縦割的で部分的な業務処理組織であります。それに比べ、住民が生活している地域の社会現場は多様な問題をかかえ、それに対応して住民の活動組織も多岐の領域にわたる「総合性」を有し、しかも横割的であります。この部分と総合、縦割と横割という対応関係をなくしていかなければ、地域社会の問題を解決処理していくことはできません。そのためには両者を調整し、地域社会の課題認識を共有して課題解決に向かう組織集団的作業体制としての協働のしくみが必要となります。つまり、行政も地域社会の

図8　協働の仕組みづくりモデル（2）

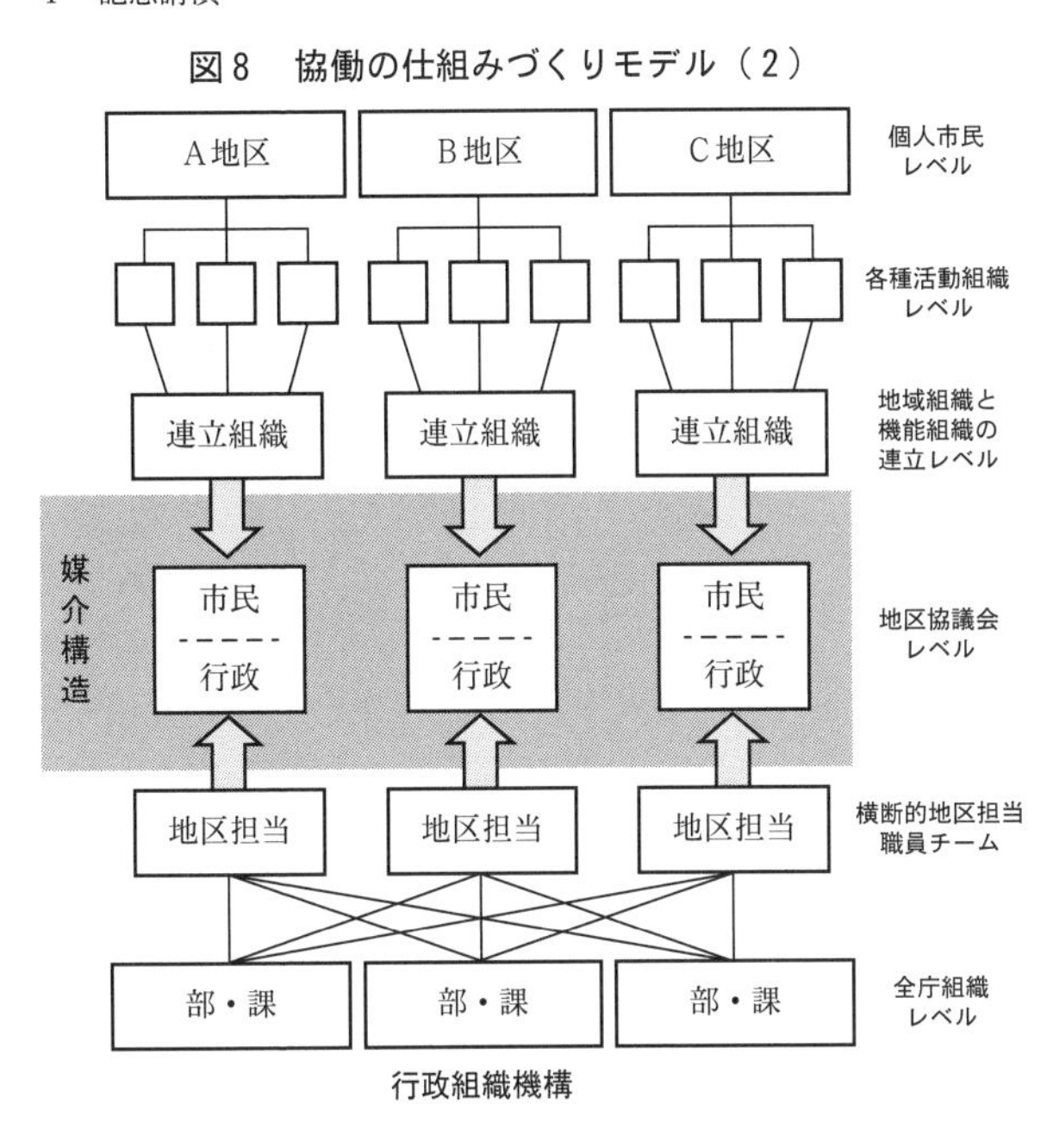

総合性を身につけ、地域住民と連携していくことが前提条件となる、ということです。それには、行政側は行政の各部門からなる地区担当チームをつくり、地域住民と課題解決に向かう媒介構造を設定して対応していかなければなりません。なぜなら、行政側が総合的にA地区のことを把握しようとすれば、各部・課から一名ずつのA地区担当職員を任命して一つのチームを編成し、A地区の問題掘り起こし、その原因究明、さらにはA地区住民と意見交換をしていかなければ、A地区にとっての有効な方策も導き出せなくなるからです。

一方、住民側も地区の自治会や町内会といった地区代表組織だけでなく、専門的能力を発揮する社会貢献集団や団体に加えて、子供会、PTA、婦人会、老人会などとの連合組織を編成し、多様な英知を反映させながら行政側と協議をして共通認識を深めていく、そういった媒介構造としての協働体制の整備が必要です。つまり、各主体が自主自律的に、各立場の専門性を尊重し、対等にその能力を発揮しあう協働組織をつくり地域課題に対処していくのです。その姿を具体的なかたちとして例示したのがモデル（2）の図であります。

以上のように、地域社会を構成する様々な主体と行政とが叡智と能力を発揮しあう組織集団的作業体制を構築していけば、主体間の相互依存関係作用と相互補完関係作用の実際が目に見え、自治力強化とともに3E（経済性・効率性・有効性）の確保と地域住民の自主自律性の発揮や行政に対する信頼と満足が得られる、そのような地方自治へと成長していくことでしょう。以上、自治の担い手の視点からみた「協働」と「自治」の理論的相関関係を考えてみました。

ご清聴有り難うございました。

（学会での記念講演の内容とズレないよう纏めたために、文章も講演調になっております。そのことをお断りしておきます。）

（1）地元紙「熊本日日新聞」（平成二七年八月九日付）は、珍地名として知られる小字「日本国」の状況を取材し、土地の歴史への関心の向上、自然や歴史を学ぶエコスクールの開催、「日本国公園」の整備、などを通して、町内外の人たちが楽しむ活動内容を紹介している。

（2）勤労学生に対する税免除制度は昭和二六年度において制定されていたが、その制度自体の存在や申告様式と手続きが知られていなかった。その点を踏まえて勤労学生たちは国会請願を行い、昭和三七年度から分かりやすい制度に改正され、筆者もその恩恵をうけることができた。

（3）このような捉え方は当時、地方自治の現場で働いておられた高寄省三氏もしておられた。高寄省三『地方自治の再発見』勁草書房一九八一の［はしがき］において述べられている。

（4）当時は今日のようにコピー機は普及しておらず、したがって禁持ち出しの資料は現場に行って書き写すのを常としていた。

（5）Robert A. Dahl の“Modern Political Analysis”は多くの国の大学において政治学の教科書として用いられているが、版を重ね改訂していく度に内容も書き換えられていた。私は第一版から第四版にかけて二〇年近く「外国書研究」の教科書として使用していた。ダールは多元主義、多頭政といった側面から民主政治を考究した学者であり、ニューヘブンの実態調査を踏まえた著書『統治するのは誰か』はコミュニティ・レベルでの寡頭政治に対する自治論的反論と受け止めた。

（6）コロンビア大学のE. S. Savas教授はニューヨーク市の行政改革についても民営化問題で助言者的役割を果たす一方、七〇年代から八〇年代にかけては合衆国連邦政府の行政改革委員をつとめ、行政サービスの性質分析を行って行政サービスを分類し、民間主体との協力連携によるサービスの生産供給のあり方を示すことに大きく貢献している。

（7）Lakewood Plan と Subdivision control については日本ではあまり研究されていないようである。Lakewood Plan は Lakewood community が法人格を取得して自治体になるときの方策のことで、これまでのカウンティ・サービス水準を下回らないことを条件に、州がコミュニティに法人格を与えるという、いわば州のコミュニティに対する統制要件のことを Subdivision control といっている。

参考文献

荒木昭次郎『参加と協働―新しい市民＝行政関係の創造―』ぎょうせい　一九九〇
荒木昭次郎『協働型自治行政の理念と実際』敬文堂　二〇一二
荒木昭次郎・宇都宮深志編著『開かれた市民社会をめざして』創世記　一九七七
日本都市学会編『都市自治をめぐる学際的研究』日本都市学会　一九七九
日本行政学会編『地方自治の動向』年報行政研究23　ぎょうせい　一九八九

（あらき　しょうじろう・自治行政学）

Ⅱ　住民訴訟の限界と可能性

1　住民監査請求の課題と到達点

小　澤　久仁男*
（香川大学）

はじめに

近年、長引く不況にあって、財政破綻あるいはその寸前にまで陥っている地方公共団体の存在がメディアを賑わすことがある。そのため、住民は、地方公共団体による最低限のサーヴィスを満足に受けることすら出来ない状況に陥る可能性がある。それゆえ、住民の税金を骨子とする各地方公共団体の予算への監視が必要となる。この点、地方自治法においては、地方公共団体の財務会計上の行為を統制する法的手段として、住民監査請求および住民訴訟が用意されている。これらのうち本稿においては、主に住民監査請求を扱っていくことになるが、必要な限り住民訴訟についても取り上げていく。

その際、本稿は次の順で議論を進めていくことになる。[1] まず、Ⅰ章では、住民監査請求の沿革について必要な限り取り上げる。ここでは、どのような経緯で住民監査請求が誕生したのかを扱うことになる。その際、住民訴訟との関連性についても明らかにしていく。次に、Ⅱ章では、地方自治法で規定されている住民監査請求の規定を判例および学説を踏まえて扱っていく。これにより、住民監査請求の問

題点を明らかにする。かかる議論を踏まえ、最後に、今後の展望について扱っていくことになる。(2)

一　住民監査請求および住民訴訟の沿革

1　住民監査請求と住民訴訟の関係

地方自治法二四二条の二第一項によると、今日、住民訴訟を提起する際、住民監査請求の前置が求められている。他方で、昭和二三年の地方自治法改正により、これらの制度が創設された際には、当初、一条の中に住民監査請求と住民訴訟の双方が規定されていた。これらのことから、両制度は非常に密接な関連性を有している。(3)

もっとも、わが国の住民訴訟制度が範としたアメリカ納税者訴訟は、その提起に際して住民監査請求を経る必要はない。そのため、わが国の制度は、独自の展開を遂げている。以下では、両制度の関係を念頭に置きつつ、両制度の展開について扱っていく。これにより、それぞれの制度の意義ないし課題を考察する際の参考にしていく。

2　住民監査請求の展開

住民監査請求を行うに際しては、監査委員への請求が必要となる。(4)この監査委員制度の萌芽となったのは、戦前の昭和一八年に設置された考査役である。(5)(6)この考査役は、市長の指揮監督を承け、市の経営に係わる事業の管理および出納その他の事業執行の考査を行っていた。他方で、そこでは、必ずしも専門的知識経験のある者が選任されていたわけではなく、十分な監査能力が備わっていなかった。加えて、職務の独立性も保障されていなかった。これらの問題点もあって、十分に機能していなかったとさ

れている。(7)

そして、戦後の昭和二一年の改革により監査委員と名称を変更することになる。その際、監査委員は議会の同意を得て首長により選任され、長の補助機関として位置付けられていた点で、戦前の制度と大きく異なるところはない。けれども、この改革によって、監査委員の定数の増員が図られ(8)、議員及び学識経験者からも選任され、それぞれが独任制の機関として位置付けられた点などにも変更点が見られる。また、この時に、住民からの請求に基づいて、監査を行うことも付け加えられた。

このような地方制度改革を踏襲して、昭和二二年には、地方自治法が制定されることになる。そこでの大きな変更点は、監査委員を執行機関としたことである。さらに、翌二三年の地方自治法改正によって、住民訴訟が導入されたことに伴い、住民監査請求の前置主義も採用された。これらの地方自治法の改正によって、今日の住民監査請求の骨子が完成することになる。

以上より、わが国においては、住民訴訟よりも先行して監査委員制度および監査請求制度が登場してきた。他方で、次に見るように住民訴訟制度が導入されるにあたって、すでに存在していた監査制度を活用するべく、両制度が結合されることになる。

3　住民訴訟の展開

わが国の住民訴訟制度は、昭和二三年の地方自治法改正によって導入されたものである。(9) 住民訴訟は、当時、占領下のわが国にあって、ＧＨＱの意向を受け創設された。それゆえ、アメリカの納税者訴訟（Tax Payer's Suit）を範としていたこともあり、当初、実定法上の用語では無かったものの、広く「納税者訴訟」と呼称されていた。(10)

ところで、アメリカの納税者訴訟とわが国の制度の違いはいくつか指摘されてきた。ここでは、訴訟の性質の違いについてのみ指摘したい(11)。すなわち、アメリカの納税者訴訟は自己の権利侵害を裁判で主張する主観訴訟と理解されている。なぜなら、アメリカにおいては、地方公共団体の行う公金や財産の管理を信託関係とする結果、これを違法に処分した場合、信託違反が生じ、納税者は直接損害を蒙るとされる。これに対して、わが国の住民訴訟は、行政の違法性のみを是正する客観訴訟と理解されている点で大きく位置付けが異なることになる(12)。

もっとも、成立当初、住民訴訟の行政訴訟上の位置付けについては、法制度上、不明確であった。加えて、市民も戦後の混乱もあって自治体の活動に関心を持つ余裕も無かった。そのため、当時、住民訴訟はあまり活用されていなかった。そこで、昭和三八年には、住民訴訟制度の改善を骨子とする地方自治法の改正が行われることになる。その際、まず名称が住民訴訟とされた。加えて、住民監査請求と併せた一条の規定から、両者、独立した規定が設けられた。これにより、今日の住民訴訟制度の骨子が完成することになった。

4　小活

以上、住民監査請求と住民訴訟の、それぞれの沿革について簡潔に取り上げてきた。今日、両制度は、密接な関係にあるものの、両制度の沿革は必ずしも同じ轍ではないことを確認しておきたい。それゆえ、今後、両制度の改正を議論するに際して、それぞれの制度の特色を活かした制度へと発展させることも可能であるといえる。以下では、住民監査請求の状況を探るべく、これに関する地方自治法上の規定を判例や学説も踏まえつつ、取り扱っていく。

二　住民監査請求

1　住民監査請求の現状

平成二四年度の住民監査請求の状況は、全国都市監査委員会の調査によれば、提出件数が延べ五三九件である。そのうち、勧告が行われているものとして、一八件であり、全体の約四％弱にとどまっている。これに対して、却下件数は二四九件であり、棄却件数は二五九件であり、全体の約九四％弱を占めている。そして、住民訴訟の提起に至ったのは、却下と棄却のうち、六九件となる(13)。

2　住民監査請求の対象

(一)　概　要

住民監査請求の対象は、地方自治体の長、委員会、委員、職員の違法もしくは不当な、①公金の支出、②財産の取得、管理もしくは処分、③契約の締結もしくは履行、④債務その他の義務の負担、⑤公金の負荷もしくは徴収の懈怠、⑥財産管理の懈怠である(14)。これらを総合して、単に財務会計行為と呼ぶことがある。また、①から④までが、財務会計行為の作為であり、⑤と⑥が財務会計行為の不作為である。以下、これらの対象を順に見ていく。

(二)　公金の支出

公金の支出とは、例えば交際費、接待費、給与、諸手当、補助金の助成金などの金員の支出をいう。また、ここでいう支出については、最狭義では現金等による支払行為を指し、狭義では右の支払行為及び支出命令を指し、広義では更に支出負担行為がこれに加わると考えられている。なお、支出負担行為とは、財政法三四条の二第一項によると、「国の支出の原因となる契約その他の行為をいう」としている。このような中、地方自治法二四二条一項にいう公金の支出については、広義説が採用されるのが一般的である。(15) それゆえ、たとえ公金支出の手続などに違法性がなくても、その先行する行政決定に違法性があれば、公金の支出も違法性を帯びるものと解されることがある。(16) ところで、このような先行行為、すなわち非財務会計上の行為の違法性については、住民訴訟においても問題とされることがある。この点の詳細については、次の杉原丈史「三号請求訴訟の新たな可能性」において詳細が扱われる。

(三) 財産の取得、管理もしくは処分

財産の取得、管理もしくは処分における「財産」とは、地方自治法二三七条によると「公有財産、物品及び債権並びに基金」をいう。そのため、公租公課などによって形成されたかどうかは問われない。(17) そして、そこでは、通常、不動産、動産、金銭債権などが挙げられる。この点については、学説上、大きな争いはない。むしろ、争いがあるのは、「取得、管理もしくは処分」という部分である。以下、これらをそれぞれ見ておきたい。

まず、財産の取得とは、地方公共団体が直接に財産の取得を目的として売買、交換等の契約によって財産を取得する場合を指す。(18) それゆえ、土地区画整理法に基づく換地処分による土地の取得については、直接的に財産の取得を企図したものではないことから、財産の取得には当てはまらない。

次に、財産の管理とは、もっぱら財産の財産的価値に着目して当該財産の維持・保全・管理等を行うかによって決せられる。(19) それゆえ、財産的価値を損なうものではない保安林内市有地の道路建設工事は、財産の管理に当てはまらない。

最後に、財産の処分とは、売却、交換、贈与などのように、財産権を移転し、又はそれに法律上もしくは事実上の変動を与える場合を指す[20]。それゆえ、土地区画整理事業の保留地売却行為については、財産の処分に当てはまる[21]。

（四）　契約の締結または履行

契約の締結または履行については、地方自治法二三四条以下で詳細が規定されている。これによると、地方公共団体が行う契約は、一般競争入札が原則とされている。したがって、本来、随意契約によるべきであるにもかかわらず、これに従わなかった場合などが挙げられる[22]。加えて、一般競争入札においては、最高制限価格を設定することは認められないとされている[23]。

（五）　債務その他の義務の負担

債務その他の義務の負担とは、財産上の義務に基づくものである。この点、前述までの対象、すなわち、契約に基づいて発生した義務であれば、契約の締結と重複する可能性もある得る。この点、学説上は、相互に排他的ではないものと理解するのが一般的である。他方で、契約に基づかない債務その他の義務の負担としては、社会保障の給付決定や第三セクターの設立行為などが挙げられる。

（六）　公金の賦課もしくは徴収

公金の賦課もしくは徴収とは、地方自治体が法令の規定に基づき、公権力の行使として特定人に対し具体的な金銭納付義務を発生させ、これを権力的な手段で徴収することを指す[24]。例えば税金や公共料金などの賦課徴収を怠っている場合がある。そのほか、これらを法令や条例に基づかずに減免措置を決定したり、滞納に何らの措置も講じない場合も含まれる。

（七）　財産管理の懈怠

財産管理の懈怠とは、前述の（積極的な）財産管理と異なり、財務会計上の不作為を対象とするものである。これには、各自治体が損害賠償を行使しない場合[25]や、公有地の不法占拠を放置している場合[26]などが挙げられる。

3　住民監査請求の要件と手続

(一)　監査請求期間

(a)　概　要

住民監査請求には、請求期間が設けられている。すなわち、地方自治法二四二条二項によると、当該違法・不当な財務会計行為のあった日又は終わった日から一年の間に行われなければならないとする。このような監査請求期間が設けられた趣旨は、「地方公共団体の執行機関、職員の財務会計上の行為は、たとえそれが違法、不当なものであったとしても、いつまでも監査請求ないし住民訴訟の対象となり得るものとしておくことが法的安定性を損ない好ましくない」からである[27]。

もっとも、この請求期間については、いくつかの解釈論上の問題点がある。まず、財務会計行為は複数の行為から構成されることもあり、また前述の通り財務会計行為の中には不作為もある。そのため、監査請求期間の起算点がいつになるのかという問題である（以下、(b) 起算点で扱う）。他方で、財務会計行為の多くは地方自治体の内部行為として、住民に知らされることなく行われることがある。そのため、いかなる場合も、この請求期間を機械的に適用してしまうと、住民が住民監査請求を利用できなくなってしまうといった問題も挙げられる（以下、(C) 正当な理由で扱う）。そこで、以下、これらについて検討を行う。

（b）　起算点

上述の通り、当該違法・不当な財務会計行為のあったとき又は終わったときから一年を経過すれば、監査請求はできなくなる。ここでいうところの「行為のあったとき」とは、例えば公金支出、契約締結、財産の売却など対象である行為の一時的行為も含まれるとされている。それゆえ、公金支出のように、支出負担行為、支出命令、支出のように連続した一連の行為である場合であっても、個別行為ごとに期間が算出される[28]。他方で、行為の終わったときとは、継続的行為についてその行為が終わった日を意味する。

以上は、通常、財務会計行為のうち、作為に当てはまるのに対して、財務会計行為の不作為については、若干様相が異なることになる。すなわち、不作為の場合には、そもそも期間の起算点となるべき財務会計上の行為が存在しないからである。この場合、一年間の期間制限に妨げられずに監査請求をいつでも行うことができる[29]。したがって、例えば談合等のように地方公共団体が損害を被っているのに、損害賠償請求権を行使していない場合には、監査請求期間の制限は無い。けれども、これはいつまでも監査請求が可能というわけではなく、不作為状態が終了したときには、それが終了した日を基準として一年間を徒過すると監査請求ができなくなる[30]。

なお、ここで注意が必要なのは、形式的には不作為に係る監査請求の形をとっていても、その実質は作為に対する監査請求の場合である。つまり、監査請求の対象となる、違法な財務会計上の作為を、違法行為を放置している不作為であると構成した場合、一年間の監査請求期間に影響を与えるのかどうかということである。これについて、判例および学説は、「怠る事実」を「真正怠る事実」と「不真正怠る事実」に区別する。そして、前者には期間制限が及ばず、後者には期間制限が及ぶとされる。この点、当該行為が財務会計法規に違反し違法であるかどうかの判断をしなければならない関係にない場合には、当該怠る事実を対象としてされた監査請求は「真正怠る事実」とされ、監査請求期間の規定は適用されないことになる。[31] すなわち、地方公共団体に対する不法行為を構成するものは、必ずしも財務会計上の行為の是非を判断しなくとも、客観的にその違法を判断できるため、「真正怠る事実」に当てはまる。[32]

（c）　正当な理由

財務会計上の行為の多くは、通常、地方公共団体の内部行為として、その存在を住民に知らされることなく行われることが多い。したがって、監査請求期間の一年間を徒過し、住民監査請求を求めることが出来なく恐れがある。そのため、地方自治法二四二条二項但書によると「正当な理由があるときは、この限りではない」と規定し、一年間の期間制限の例外を認めている。けれども、財務会計行為が秘密裡に行われていたとしても、いかなる場合も、「正当な理由」といえるのかどうか問題となる。この点、最高裁は「当該行為が秘密裡にされた場合、同項但書にいう『正当な理由』の有無は、特段の事情の無い限り、普通地方公共団体の住民が相当の注意力をもって調査したときに客観的にみて当該行為を知ることができたかどうか、また、当該行為を知ることができたと解される時から相当な期間内に監査請求をしたかどうかによって判断すべきものといわなければならない」とする。[33] すなわち、「正当な理由」の判断に際しては、①住民が相当の注意をもって調査したときに客観的にみて当該行為を知ることができたかどうか（以下、「相当の注意」とする）、②当該行為を知ることができたかと解される時から相当な期間内に監査請求をしたかどうか（以下、「相当の期間」とする）によって、判断されることになる。[34] そして、判例は、これらの要件をさらに具体化している。

まず、①「相当の注意」については、市議会で財務会計行為の不明瞭さが指摘されたことが全国紙と地方紙で報道された場合、住民は当該行為を知ることができるとしている。けれども、判例は、公園整備のための用地買収価格が高額であったことが約二年後に新聞報道された事案につき、それ以前に、用地買収価格が記載された予算説明書と決算説明書が一般の閲覧に供されていたことから、住民は当該行為の存在をすでに知ることができたとしている[35]。また、監査請求をした者が不動産鑑定士であるという主観的事情も、知ることができた事情として考慮する場合もある。以上のように、判例の傾向として、住民に対して、高度の注意力を求めていると理解することができる。それゆえ、適否はともかくとして、住民は、疑念が認識される限り、情報公開条例に基づく情報公開請求を行っておりさえすれば、少なくとも、ここでいうところの「相当の注意」をしていたものと解される。この点は、今後の判例および学説の動向を見守りたい[36]。

他方で、「相当の期間」について、判例は八四日後の監査請求は「相当な期間」を経過後であるとされているのに対して、六六日後の監査請求は「相当な期間」内であるとしており、「相当な期間」につき概ね二ヶ月程度を目安と理解しているものといえる。他方で、地方自治法においては、監査請求を行うに際して財務会計行為の違法性や不当性を証する書面の提出が求められている。それゆえ、資料収集などの準備に時間を要することも考えられるため、個別事情をも勘案すべき場合もあり得ることに注意が必要となる[37]。

（二）　対象行為の特定

すでに見た通り、住民は、監査対象になる財務会計行為に違法・不当があると判断したときは、これらを証する書面を添えて、監査委員に監査を請求することになる。その際、形式は問われない。けれども、請求の対象を特定しなければならない。この点、最高裁は、「住民監査請求においては、対象とする当該行為等を監査委員が行うべき監査の端緒を与える程度に特定すれば足りるというものではなく、当該行為等を他の事項から区別して特定認識できるように個別的、具体的に摘示することを要し、また、当該行為等が複数である場合には、当該行為等の性質、目的等に照らしこれらを一体とみてその違法又は不当性を判断するのを相当とする場合を除き、各行為等を他の行為等と区別して特定認識できるように個別的、具体的に摘示することを要するもの」とする。[38]

このように最高裁は、対象行為の特定について、厳格な基準を設けていることもあって、学説上、批判が生じていた。けれども、近年、このような状況に変化の兆しが見えつつある。すなわち、上記の判例を引用しつつも、最高裁は「監査請求書及びこれに添付された事実を証する書面の各記載、監査請求人が提出したその他の資料等を総合して、住民監査請求の対象が特定の当該行為等であることを監査委員が認識することができる程度に摘示されているのであれば、これをもって足りるのであり、上記の程度を超えてまで当該行為等を個別的、具体的に摘示することを要するものではないというべきである」とする。[39] したがって、同判決は、平成二年の最高裁判決の例外を示したものといえる。けれども、対象行為の特定は、全く不要とまではしておらず、依然として厳しい要件となっている。

4　監査手続

（一）　審査手続

監査委員は、住民からの監査請求があった場合に、まず以上までの要件審理を行うことになる。[40] その際、不適法な監査請求について、地方自治法は補正などを命じることを監査委員に義務付けているわけではないものの、これを積極的に行うべきと理解されている。他方で、監査請求期間を徒過した場合のように、補正が不可能な場合、監査委員は請求を却下することになる。この却下判断に対して、行政事件訴訟法に基づく取消訴訟を提起することは認められない。それゆえ、却下判断が行われ、これに不服があれば、住民訴訟において争うことになる。これは、客観的に適法な監査請求が不適法として却下された場合であったとしても、監査請求前置の要件を満たしものと理解する必要があるからである(41)。

これに対して、監査要件を充足した請求については、本案審査に入ることになる。本案審理においては、当該行為または怠る事実の違法性だけではなく、不当性も審査されることになる。その際、監査請求をした住民に証拠の提出および陳述の機会が与えられることになる（地方自治法二四二条六項）。また、必要があると認めるときは、関係のある首長その他の執行機関または職員を立ち会わせることができ、逆にこれらの者たちの陳述においては請求人を立ち会わせることもできる。

（二）　監査結果

監査委員の監査結果は、合議の下、請求があった日から六〇日以内に行われる。そして、監査の結果、請求に理由がないと認めるときは、理由を付して請求人に通知し、これを公表する。これに対して、請求に理由があると認めるときは、監査委員は、当該自治体の議会、長その他の執行機関または職員に対し期間を示して必要な措置を講ずる旨を勧告し、その内容を請求人に通知し公表する。

他方で、監査委員は、監査手続が終了するまでの間、暫定的に請求にかかる当該行為の停止を勧告することができる（二四二条三項）。その要件は、①監査請求の対象行為が違法であると思料するに足りる相当な理由があること、②当該行為により生ずる「回復の困難な損害を避けるため緊急の必要」があること、③当該行為の停止によって人の生命や身体に対する重大な危害の発生の防止その他公共の福祉を阻害するおそれがないと認められることを必要とする。もっとも、これらの要件を満たしたからといっても、監査委員は、必ずしも停止勧告を行う必要はないものと理解されている。[42]

(三) 監査結果後の措置

以上のような監査委員による勧告を受けた議会・長・その他の執行機関・職員は、勧告に示された期間内に必要な措置を講じ、その旨を監査委員に通知しなければならない。そして、通知を受けた監査委員は、当該通知に係わる事項を請求人に通知し、公表することになる（二四二条九項）。

これに対して、監査委員による却下決定および棄却決定などに住民が不満を持つ場合には、裁判所に住民訴訟を提起することになる。[43]

おわりに

以上、本稿においては、監査請求について扱ってきた。これらを踏まえた上で、監査請求の機能と課題について簡単に纏めたい。

まず、監査請求の機能としては、①訴訟、とりわけ住民訴訟に至る前に地方公共団体が自浄することが可能である点、②訴訟に至った場合には論点を明確にすることができる点、などを指摘することができる。[44]すなわち、これらは、監査請求が行政内部で行われることから生じてくる機能であると言える。

他方で、監査請求の課題としては、監査請求の要件、そのうちとりわけ対象行為の特定や請求期間などが厳しく解される傾向にある。もちろん、多くの監査請求がなされることで、行政の停滞を招くといったデメリットも生じる恐れがある。けれども、監査請求は、行政内部で行うといったメリットを活かし、柔軟な解釈を行う必要な場合もある。[45]

以上より、地方公共団体とその住民との間の紛争として理解するだけではなく、当該地域における最適な政策決定を共に決定するためのツールとして監査請求をより活用していく必要性もある。これによって、今後の監査請求と住民訴訟の立法論および内容審査の充実へと発展することに期待したい。

＊　本稿は、二〇一四年一一月に熊本県立大学で開催された日本地方自治学会における共通論題Iでの報告に加筆・修正を加えたものである。

(1) 本稿は、小澤久仁男「住民監査請求・住民訴訟における対象と違法性」岡田正則・榊原秀訓・白藤博行・人見剛・本多滝夫・山下竜一・山田洋編『現代行政法講座四巻』日本評論社（二〇一四年）五三頁以下に大きく依拠している。

(2) 本稿においては、以下の文献を主に参考にしている。関哲夫『住民訴訟論』勁草書房（一九九七年）、碓井光明『要説 住民訴訟と自治体財務（改訂版）』学陽書房（二〇〇二年）、成田頼明『地方自治の保障』第一法規（二〇一一年）、人見剛「自治財政権と住民監査請求」法学教室三七一号（二〇一一年）五二頁以下、同「住民訴訟制度の諸問題」法学教室三七二号（二〇一一年）五三頁以下、村上順ほか編『基本コンメンタール地方自治法』日本評論社（二〇一一年）、寺田友子『住民訴訟判例の展開』成文堂（二〇一二年）、今本啓介「住民訴訟」大浜啓吉編『自治体訴訟』早稲田大学出版部（二〇一三年）一三四頁以下。

(3) ところで、住民監査請求は、周知の通り、各地方公共団体に設置される執行機関である監査委員によって行われる行政内部の手続である。これに対して、住民訴訟は、裁判所による審査を仰ぐ手続である。このような違いは、当該財務会計行為の審査密度にも影響を及ぼしており、住民監査請求は当該財務会計行為の違法性に留まらず、不当性をも審査することになる。

(4) なお、監査委員の業務としては、住民監査請求のほか、事務監査請求も行うことになる（地自法七五条）。

両者は、共に住民の請求に基づいて、監査を行うことから、いわば参政権のような機能を果たす点で共通する（村上ほか・前掲註（2）三三〇頁【曾和俊文執筆】参照）。もっとも、事務監査請求は、有権者の五〇分の一の者の署名を集めた上で、当該地方公共団体の事務全般を対象にして行われ、その監査結果に不服があったとしても訴訟を提起することが出来ない。これに対して、住民監査請求は、当該地方公共団体の住民であれば一人であっても行うことができる。加えて、その職員などの財務会計行為のみが対象となるが、その監査結果に不服があった場合、訴訟を提起することが出来る。

（5）「六大都市行政監督ニ関スル件」（勅令四二四号）によれば、東京市のほかに、京都市、大阪市、横浜市、神戸市及び名古屋市が該当するとされていた。

（6）住民監査請求の展開について、村上ほか・前掲註（2）三三〇頁以下【曾和俊文執筆】、寺田・前掲註（2）五六頁以下、総務省「地方公共団体の監査制度に関する研究会報告書」、吉澤佑葵「自治体における監査と住民監査請求の役割に関する一考察」明治大学大学院政治研究論集四〇号（二〇一四年）一頁以下に追うところが大きい。

（7）寺田・前掲註（2）五七頁以下参照。

（8）同改正によれば、監査委員の定数は、都が六名、道府県と五大都市が四名、その他の市町村は二名とされている。

（9）住民訴訟の展開については、河合義和・西原雄二「住民訴訟の立法過程に関する考察」日本法学五七巻二号（一九九一年）二一七頁以下、園部逸夫編『住民訴訟・自治体訴訟 新地方自治法講座⑤』ぎょうせい（一九九七年）三頁以下【遠藤文夫執筆】、碓井・前掲註（2）三頁以下、成田・前掲註（2）三九五頁以下などに負うところが大きい。

（10）成田頼明「納税者訴訟」ジュリスト一二五号（一九五七年）四六頁以下参照。なお、成田頼明博士は当時、次の通りに述べている。『わが国の場合には、この訴を提起するものは、地方公共団体の住民であれば足り、その地方公共団体に対して現実に税金を納付した者であることは必要ではないから、「納税者訴訟」という用語は適格性を欠き、「監査請求訴訟」又は「住民訴訟」という用語を用いるほうが、はるかに実体に即することとなる』と。このような考えの根本には、アメリカの納税者訴訟との違いがあったものと考えられる。

(11) 曾和俊文教授によれば、本文で扱ったもののほかにも、住民監査請求の有無、納税者訴訟で主に扱われる訴訟手段の違いなどを指摘する（村上順ほか編・前掲註（2）三三七頁参照）。すなわち、前者については、アメリカにおいて住民監査請求という制度は存在していないのに対して、わが国においては住民監査請求という制度が存在しており、これを前置する点で異なる。また、後者については、アメリカにおいて差止訴訟が中心であるのに対して、わが国においては所謂四号請求訴訟、つまり損害賠償訴訟が中心である点で異なる。

(12) なお、本文にもある通り、わが国において住民訴訟は、今日、客観訴訟として理解されているが、この点については必ずしも固定されたものではない。すなわち、住民訴訟は、その成立当初、今日の行政事件訴訟が制定されていなかったこともあって、行政訴訟制度上の位置付けが不明確であった。今日のように客観訴訟として明確な位置付けがなされたのは、昭和三七年に行政事件訴訟法が制定され、翌三八年に地方自治法が改正されてからとなる。他方で、山岸敬子『客観訴訟の法理』勁草書房（二〇〇四）一四五頁以下によると、『司法の固有の本質である「法律上の争訟」の概念も変遷している。……主観訴訟と客観訴訟の差異は、絶対的にして普遍的なものではない』という重要な指摘がある。したがって、司法権および法律上の争訟の概念が変化すれば、今後、住民訴訟も主観訴訟に接近させ、制度を構築することも不可能ではないといえる。

(13) なお、本報告時には平成二五年度のものを使用しているが、平成二六年度の住民監査請求の状況は以下の通りである。提出件数が延べ五〇〇件であり、勧告が行われたのは二七件で、全体の五％弱である。これに対して、却下件数は二二一件であり、棄却件数は二四〇件であり、全体の約九二％弱である。そして、住民訴訟の提起に至ったのは、却下と棄却のうち、八七件である。

(14) これらについては、住民訴訟の対象としても機能することになる。他方で、以下でも扱っていくように、住民監査請求制度の解釈については、それが行政内部で行われる手続であるにもかかわらず、裁判所の判決に大きく依拠することになる点に注意が必要である。この点、寺田・前掲註（2）三頁によると、次の通りに述べている。『監査請求の要件をめぐる争点は、住民訴訟の判決によって決着が付けられる。なぜなら、監査委員が監査請求を受理し、監査した結果に対して、不服ある住民は住民訴訟を提起することになる』と。したがって、本稿においても、これに倣って、記述していく。

(15) 関・前掲註（2）二〇頁参照
(16) 高田敏・村上武則編『ファンダメンタル地方自治法（第二版）』法律文化社（二〇〇九年）一二〇頁【寺田友子執筆】。
(17) 最判平成一〇年一一月一二日民集五二巻八号一七〇五頁。
(18) 小高剛・地方自治判例百選〈第二版〉二一二頁参照。
(19) 最判平成二年一〇月二五日判時一三六七号九頁。
(20) 成田・前掲註（2）四〇八頁参照。
(21) 最判平成二年四月一二日民集四四巻四号四三一頁。
(22) 但し、最判昭和六二年三月二〇日民集四一巻二号一八九頁においては、競争入札に適さない場合、契約担当者に、随意契約を締結する裁量を認めている。
(23) 最判平成六年一二月二二日民集四八巻八号一七六九頁。
(24) 関・前掲註（2）五五頁参照。
(25) 最判昭和五七年七月一三日民集三六巻六号九七〇頁。
(26) 最判平成一六年四月二三日民集五八巻四号八九二頁。
(27) 最判昭和六三年四月二二日判時一二八〇号六四頁、最判平成一四年九月一二日民集五六巻七号一四八一頁など。但し、碓井・前掲註（2）四七頁以下によれば、請求期間を徒過しても、当該請求を契機に監査委員が自主的に監査することは許されるとする。また、監査請求期間の存在それ自体にも、次のような批判がある。例えば寺田・前掲註（2）二九頁によれば、『消滅時効等も存在するのであるから監査請求期間は不要である』と。

（28）最判平成一四年七月一六日民集五六巻六号一三三九頁
（29）最判昭和五三年六月二三日判時八九七号五四頁。
（30）最判平成一九年四月二四日民集六一巻三号一一五三頁。本件は、地方公共団体が建築施工業者に損害賠償請求権を行使しなかったことに対して、住民訴訟が提起された事案である。この事案においては、当該地方公共団体が建築施工業者に対して損害賠償を請求しなかったこと、および、当該地方公共団体が当時の首長に対して損害賠償を請求しなかったという二つの怠る事実がある。そして、前者の怠る事実が終了していないとすると、後者の怠る事実も、いつまでも監査請求を行うことができる。けれども、最高裁は、本件の損害賠償請求権は、当該地方公共団体の工事請負契約約款所定の二年の除斥期間を経過していたことから、前者の怠る事実は終了していたと判断をした。
（31）最判平成一四年七月二日民集五六巻六号一〇四九頁。
（32）鈴木庸夫・判例地方自治百選〈第四版〉一五〇頁以下参照。なお、同書によれば、ここでいうところの不法行為の典型を次のように挙げる。『窃盗、横領、公有財産の無断使用などの事実的侵害やこれと同視し得る行為（例えば自己または第三者の利益を計る目的で権限を濫用した場合や……談合のような欺罔や脅迫に基づく財務会計上の行為等）』と。
（33）最判昭和六三年四月二二日判時一二八〇号六三頁。
（34）この点については、字義通りの「秘密裡」を意味するわけではなく、天災地変等によって、交通手段が途絶した場合も含まれると解されうる（松本英昭『新版 逐条地方自治法（第七次改訂版）』学陽書房（二〇一三年）九九一頁参照）。それゆえ、これはあくまでも例示にすぎない。事実、前掲最判平成一四年九月一二日においては、「財務会計行為が秘密裡にされた場合に限らず」とした上で、相当の注意があったかどうかの検討を行っている。それゆえ、「相当の注意をもって調査」したかどうかの部分においても、ほぼ同じ検討がなされるので、本稿においては取り上げなかった。

(35) 最判平成一四年九月一七日判時一八〇七号七二頁。

(36) 横田光平・地方自治判例百選〈第四版〉一五五頁以下においては、『監査請求と密接に関連する情報公開制度、およびその基礎にある説明責任の理念の浸透を踏まえ、その期間においてもあらためて考え直す時期に来ているように思われる』との重要な指摘がある。

(37) 本文のような見解に対して、人見・前掲註(2)「自治財政権と住民監査請求」五九頁において次のような指摘もある。すなわち、『これまでの判例では、監査請求人が他人から聴取したことを書面に纏めたものや新聞記事の切り抜きでも構わないとされているので、違法・不当を疑われる財務会計行為を知ったときは、その違法性・不当性の証拠固めよりも、監査請求期間の制限を徒過しないように迅速に監査請求をすることが重要である』と。この点は、次の対象行為の特定にも関連してくる重要な指摘である。

(38) 最判平成二年六月五日民集四四巻四号七一九頁。なお、本件の多数意見を具体的記載説ということもある。これに対して、本件においては、園部逸夫裁判官の反対意見も付けられている。これによれば、「住民監査請求の手続は、行政不服審査法所定の不服申立ての手続等の場合と異なり、簡易かつ略式の方式で、住民が監査委員に対し、監査の請求をすることができることを予定したものと解するのを相当とする。したがって、住民監査請求については、請求の要件を欠くという理由で直ちに却下することなく、可能な限り、請求を受理して、その内容について監査をし、請求の理由の有無について判断した上、法二四二条三項の定める応答措置を行うべきであり、請求の趣旨も理由も全く不明瞭で監査請求書として受理することが困難な場合に限り、これを返戻することができると解するのが、住民監査請求制度の趣旨に沿うものというべきである」と。つまり、住民監査請求は、あくまでも監査委員が監査を行う端緒であって、対象行為の特定を柔軟に解してものといえる。学説上、これを端緒説ということがあり、多くの支持を受けている。

(39) 最判平成一六年一一月二五日民集五八巻八号二二九七頁。

(40) なお、地方自治法二五二条の二七によると、監査委員の監査に代えて、外部監査人による監査を行うこともできるとする。

(41) 最判平成一〇年一二月一八日民集五二巻九号二〇三九頁。なお、同判決によれば、監査委員による不適法な却下判断に対して、当該住民が住民訴訟を提起せずに、あえて住民監査請求を再度行ったとしても、これが一年間の期間制限に反しない限り、適法な請求であり、一事不再理の原則にも反しないとする。さらに、下級審レヴェルではあるが、陳述の機会を与えられず棄却された場合、再度の住民監査請求がほぼ同内容であっても適法とするものもある（東京地判平成二五年一〇月一五日判自三七七号四五頁）。もっとも、これらはいずれも不適法に却下や棄却がなされた場合であって、適法に行われた監査結果に不服がある場合には、住民訴訟を提起する必要がある点に注意が必要である（最判昭和六二年二月二〇日民集四一巻一号一二二頁参照）。

(42) 松本英昭『新版 逐条地方自治法（第七次改訂版）』学陽書房（二〇一三年）九九四頁以下参照。

(43) なお、違法な却下決定に対して、これを違法な公権力の行使として、国家賠償訴訟を提起できるかどうか、問題となることがある。これについて、最高裁の判決は無く、下級審の判断は分かれている。村上ほか・前掲註（2）三三五頁【曾和俊文執筆】によれば、『監査委員がその職責を放棄するがごとき対応をする場合には、住民監査請求に時間と労力をかけた責任は国家賠償請求をすることができると解する』とする。

(44) 成田・前掲註（2）四〇四頁によると、住民監査請求制度および住民訴訟に際しての前置主義が採用されたことにつき、『地方公共団体の事務全般について監査を行うことを任務とする監査委員という機関が地方公共団体の内部の一機構として設けられている以上、役職員の違法・不当行為によって住民の利害が害せられるような事実がある場合には、まず、この機関に監査の機会を与えることによって、できうれば、行政措置を通じて、事件を地方公共団体の内部で自主的に解決させることとし、それでもなお十分な解決が得られないときに初めて裁判所の力をかりることとするほうが、自治の本旨からいっても、また、裁判所の負担を軽減する意味からいっても、より合理的である』と指摘している。本稿での住民監査請求の機能については、以上の指摘から着想を得たものである。

(45) 園部・前掲註(10)九四頁【金子芳雄執筆】によれば、『伝統的な司法権を墨守し、住民訴訟を極めて例外的な客観訴訟であるから、条文を厳格に解釈するという消極的立場をとるか、現在存在する制度が、基本的人権の尊重、民主政治の推進に役立たせうるならば、伝統的立場を乗り越え、新しい活用法を利用すべきであるという積極的立場のいずれを採用するかに帰着するもの』と指摘している。本稿での住民監査請求の到達点については、この記述を参考にしている。

(おざわ　くにお・行政法)

2　債権放棄議決と住民訴訟制度改革論

大田直史
（龍谷大学）

はじめに

神戸市外郭団体派遣職員人件費支出損害賠償請求事件に関する最判平成二四年四月二〇日（民集六六巻六号二五八三頁）（以下、「A最判」という）、大東市市長退職慰労金支給損害賠償請求事件に関する最判平成二四年四月二〇日（判時二一六八号四五頁）（以下、「B最判」という）およびさくら市浄水場用地取得代金損害賠償請求事件に関する最判平成二四年四月二三日（民集六六巻六号二七八九頁）（以下、「C最判」という）という三件の日付の近接した最高裁判決（以下、三件の最高裁判決を併せて「三最判」という）は、住民訴訟四号請求にかかる損害賠償・不当利得返還請求にかかる自治体の当該職員等に対する債権の議会による放棄について最高裁として初めて判断枠組みを示した[1]。これらの判決に対して、行政法研究者からは「住民訴訟を『死刑』にしたと同じような効果がある」、「このままでは住民訴訟は死に絶え、その結果自治体では違法行政がまかり通」るとの評価を下すものがある[2]。これらの判決をうけて総務省に設置された「住民訴訟に関する検討会」の報告書（以下、「『報告書』」という)(二〇一三年三月)も公表されて住民訴訟制度について一定の改革の方向性が示されたものの、「法改正の機運はすでに失われているようにも見える」として、「住民訴訟制度はほぼ再起不能なまでに大きな傷を負ってしまった」[3]、とする評価もある。

本稿は、最高裁の判決の意義と影響を見極めるとともに、判決が住民訴訟に対して与えたダメージには大きなものがあると思われるが、この判決を前提としつつも、傷を治癒してその再起を図るための方策を検討する。再起には、住民訴訟全体の制度の問題、さらには自治体の債権放棄の制度や自治体の財務統制制度全体の問題としての立法政策も含めた検討が必要である。

考察の出発点として、最高裁判決が、住民訴訟制度の意義について示してきた次のような解釈を確認しておきたい。すなわち、住民訴訟制度は、「地方自治の本旨に基づく住民参政の一環として、住民に対しその予防又は是正を裁判所に請求する権能を与え、もつて地方財務行政の適正な運営を確保することを目的としたもの」であり、「地方公共団体の判断と住民の判断とが相反し対立する場合に、住民が自らの手により違法の防止又は是正をはかることができる点に、制度の本来の意義がある」(最判昭和五三・三・三〇民集三二巻二号四八五頁、最判昭和六一・二・二七民集四〇巻一号八八頁)。住民訴訟が地方自治の本旨に基づく制度であることからするとその本旨に反するような制度のあり方は単なる立法政策レベルの問題に止まらないこと、また、住民参政の保障としての意味をもち、自治体と住民とで判断が対立した場合に、「住民が自らの手で違法の防止是正を図る」ための仕組みという点に存在理由があることを確認しておきたい[4]。他方、地方自治の保障との関係では、住民訴訟制度は確かに住民自治の理念に基づくものではあるが、国の裁判所が国の法律との適合性を確保するという意味において、地方自治との間に矛盾をはらみうる、という点にもつねに留意する必要がある[5]。

一　自治体の債権放棄と問題の所在

1　債権放棄とは

地方自治体による債権放棄とは、地方自治体の有する権利を積極的に消滅させる意思表示である。例として、工事が遅延したことによる違約金を免除する場合などがある。巨額の債権放棄が行われた例には、二〇一一年頃、滋賀県造林公社、びわ湖造林公社に対するびわ湖下流八団体が行った債権放棄がある。国策事業の失敗で生じた債務を解消する等のために行われたものである[6]。

【表】滋賀県造林公社の債権放棄額（単位100万円）

団体名	債権額（百万円）	放棄額（百万円）
滋賀県	20,705	15,597（75.3）
大阪市	7,383	6,757（91.5）
大阪府	7,383	6,757（91.5）
阪神水道企業団	1,300	1,190（91.5）
兵庫県	1,091	897（91.5）
尼崎市	806	737（91.5）
神戸市	201	184（91.5）
伊丹市	134	123（91.5）
西宮市	108	98（91.5）
合計	39,111	32,341（82.7）

（注）カッコ内は放棄率。四捨五入のため、合計額が一致しない場合がある。
出典：日本経済新聞2011年１月21日付地方経済面

関係地方自治体が巨額の債権放棄に至った経緯の概略は以下の通りである。一九七二（昭和四七）年に琵琶湖総合開発特別措置法に基づいて、琵琶湖総合開発計画が策定され拡大造林が推進された。この事業実施に必要な資金五〇億円につき滋賀県が出資して、主には公庫からの融資で事業をおこなったが、琵琶湖周辺に造林が行われ、琵琶湖の水源が涵養されることで水資源を確保できる下流域の大阪府、兵庫県等下流八団体が融資をおこなった。土地所有者から無償で土地の提供を受け、植林を行って一定周期ごとに成長した木を伐採して得た収益を土地所有者と公社が分け合うという「分収造林」方式で事業が行われた。しかし、木材価格の下落と労務単価の上昇により収益が得られないため、公庫への利息や返済金の支払いが出来ず、県や下流自治体からの借入金により公庫へ支払うという悪循環に陥り、「【表】滋賀県造林公社の債権放棄額」に示すように、滋賀県は二〇七億、大阪市・大阪府が各七三億、兵庫県が一〇億の債権を持っていたが、最終的に滋賀県が一五六億、大阪府・市が六七億、兵庫県が九億円といった規模で債権放棄をして、同公社の破綻を回避して、少なくとも多額の出費を行って水源涵養のために行われた造林の管理を公社が行うことができ、また各自治体に対する債務の返済をわずかなりとも行えるように債務整理がおこなわれた。(7)

2　問題の所在

右にみた滋賀県造林公社に関わる滋賀県および下流八団体で行われた債権放棄の場合につき、負債を生じた原因とそれに対する責任の所在については、国主導の政策に無批判に追随した結果であるともいえその点での責任の所在を明らかにすることも必要であるが、長期にわたる事業継続の結果累積した損失の整理を図る手段として、いわば自治体の生理現象として債権放棄が使われたといえよう。しかし、自治体が債権放棄を行うと基本的に自治体の財産に損失を生じることになる。

債権放棄をめぐって以下のような点が法的問題点として議論されてきていた。①議会の議決があればそれだけで自治体は債権放棄ができるのか、首長の執行行為すなわち債権放棄の意思表示を別途必要とするか。②法律上は、債権放棄議決の条件については一切規定がないが、無制限に行えるか。特に、住民訴訟で、首長等の違法行為によって自治体に損害が生じ、首長等に対する賠償請求権や不当利得の返還請求権が争訟によって生じる場合に、その公益上の必要性すらも問われることなく議会や首長が債権放棄できるかということが問題となった。③これが認められると住民訴訟制度が保障されている趣旨が没却されることが行政法研究者から主張されていた。[8]実際に、住民訴訟で損害賠償等の請求が当該職員に対して行われた後に、これに関する自治体の賠償請求の債権を放棄するという形で債権放棄が行われたのは、一九九八年千葉県鋸南町で、町長に対して違法な時間外勤務の命令と手当の支出、補助金交付について旧四号に基づく損害賠償請求があった後、議会で賠償請求権を放棄するとしたのが最初とされている。その後、いくつかの訴訟でその適法性が争われ、下級審の裁判例では判断が分かれていたところであった。

二　債権放棄に関する三最判

1　神戸市事件最判平成二四・四・二四

(一)　債権放棄の適法性判断基準

これらの問題に対して、最高裁として初めての判断を示したのが冒頭に触れた三最判であった。債権放棄議決の適法性に関する判断枠組みは一部の論点を除いてほぼ共通する。A最判でその要旨を確認しておく。同事件では、市の外郭団体に市が派遣した職員の給与を外郭団体への補助金で交付していたことが公益的法人等への一般職の地方公務員の派遣等に関する法律に反するとして、当時の市長に対する損害賠償請求と外郭団体に対する不当利得返還請求が求められた。控訴審判決前に議会が条例を制定して条例中に本件に関する賠償請求権の放棄を規定した。

判決は、市に対する元市長Pの賠償責任を負わないと斥けたが、その理由は、外郭団体に派遣されている職員の給与の「補助金等の支出につきPに市長として尽くすべき注意義務を怠った過失があったということはできない」という点にあった。が、最高裁は、外郭団体に対する不当利得返還請求との関係で、債権放棄の有効性について判断を示した。

(1) 債権放棄の権限の帰属・手続について、債権放棄は、「条例による場合を除いては、同法〔＝地方自治法（以下、「自治法」という）〕一四九条六号所定の財産の処分としてその長の担任事務に含まれる」とし、議会の権利放棄議決を定める自治法九六条一項一〇号の趣旨は、「執行機関による専断を排除」することにあるとした。判決は、条例によらない債権放棄は、議会の議決だけでは放棄の効力を生ぜず、長による執行行為としての放棄の意思表示を要するのに対して、「条例による債権の放棄の場合には、条例という法規範それ自体によって債権の処分が決定され、その消滅という効果が生ずるものである」から長の公布による条例の施行により効力が生ずるとした。(9)

(2) 放棄議決の裁量性について、債権の「放棄の実体的要件については、同法〔＝自治法〕その他の法令においてこれを制限する規定は存しない」ことを根拠として、したがって、自治法においては、「普通地方公共団体がその債権の放棄をするに当たって、その議会の議決及び長の執行行為（条例による場合は、その公布）という手続的要件を満たしている限り、その適否の実体的判断については、……議会の裁量権に基本的に委ねられている」とした。

(3) ただし、債権放棄の議決が裁量の逸脱・濫用に当たる場合があり、次のような諸事情を総合考慮してそれを判断するものとした。すなわち「個々の事案ごとに、①当該請求権の発生原因である財務会計行為等の性質、内容、原因、経緯及び影響、②当該議決の趣旨及び経緯、③当該請求権の放棄又は行使の影響、④住民訴訟の係属の有無及び経緯、⑤事後の状況その他の諸般の事情を総合考慮して、これを放棄することが普通地方公共団体の民主的かつ実効的な行政運営の確保を旨とする同法の趣旨等に照らして不合理であって上記の裁量権の範囲の逸脱又はその濫用に当たると認められるときは、その議決は違法となり、当該放棄は無効となるものと解するのが相当である。そして、①当該公金の支出等の財務会計行為等の性質、内容等については、その①―(a)違法事由の性格や①―(b)当該職員又は当該支出等を受けた者の帰責性等が考慮の対象とされるべきものと解される。」（①～⑤、①―(a)、(b)の番号は筆者）

ここに判決が総合考慮するとした要素は、次の五つの要素である。

①財務会計行為等の性質、内容―(a)違法事由の性格、(b)当該職員または支出等を受けた者の帰責性等を考慮―原因、経緯及び影響

②当該議決の趣旨及び経緯

③当該請求権の放棄又は行使の影響

④住民訴訟の係属の有無及び経緯

⑤事後の状況その他の諸般の事情

(二)　本件へのあてはめ

判決は、上の五つの事情につき本件に当てはめて、次のような判断を示した。

①派遣職員等の給与等に充てられる公金の支出の適否には、(a)違法事由は派遣法の解釈に係り、(b)その「規定又は趣旨に違反するものであるとの認識に容易に至ることができる状況にはなかった」。また、交付を受けた「本件各団体の側に帰責性があるとは考え難い」。「各団体が不法な利得を図るなどの目的によるものではなく」、支給方法選択に自ら関与した事情もない。補助金等が派遣職員等の給与に充てられ、「住民に相応の利益が還元されているものと解され、本件団体が不法な利得を得たものと

いうことはできない」。

②本件改正条例全体の趣旨は、「派遣法の趣旨に沿った透明性の高い給与の支給方法を選択したものということができ」、本件附則に係る議決は、既に人件費に充てられた本件補助金等を直ちに返還することを余儀なくされるとすれば、本件各団体の財政運営に支障が生じ得、公益的事業の利用者たる住民一般が不利益を被る「事態が生ずることを回避すべき要請も考慮してされたものである」。

③請求権の放棄によって「市の財政に及ぶ影響は限定的なものにとどまる」。「返還の徴求がされた場合、実際に本件各団体の財政運営に支障を来して上記の各種サービスの十分な提供が困難になるなどの市における不利益が生ずるおそれがあり」、そのような不利益を回避することに資する。

④「附則に係る議決の適法性に関しては、住民訴訟の経緯や当該議決の趣旨及び経緯等を含む諸般の事情を総合考慮する上記の判断枠組みの下で、裁判所がその審査及び判断を行うのであるから、上記請求権の放棄を内容とする上記議決をもって、住民訴訟制度を根底から否定するものであるということはできず、住民訴訟制度の趣旨を没却する濫用的なものに当たるということはできない」。

⑤市の補助金等を派遣職員等の給与等の人件費に充てることがなくなるという是正措置が既に採られている。

(三)　評　価

基本的に、債権放棄を行うか否かについては議会の広範な裁量判断に委ねられることを前提として、例外的に裁量の逸脱・濫用があるか否かを判断するため、総合考慮されるべき事項として多様な事項が並べられているが[10]、考慮事項が並列的に並んでおり、それぞれの事項がどのように考慮されて裁量の逸脱・濫用の判断へと結びつくのかは明らかされていない基準だといわざるをえない[11]。この判断の考慮事項のなかでは、住民訴訟が係属していることとの関係もひとつの考慮事項に過ぎず（④の事項）[12]、かつ当てはめでもいわれているとおり、放棄議決があってもこの総合考慮の枠組みのなかで裁判所が逸脱・濫用を審査・判断できるから「住民訴訟制度の趣旨を没却する濫用的なものに当たるということはできない」とされるが、議決の趣旨や経緯如何（②の事項）を問わず、住民訴訟制度の趣旨が没却される可能性はほぼなくなるように思われる[13]。

また、判決の理論構成には次の点で疑問がある。第一に、条例による債権放棄が、制定公布だけで具体的な法効果を生ずるとした点である。横浜市保育所廃止処分取消事件・最判平成二一・一一・二六（判時二〇六三号三頁）は条例の処分性を認めたが、公立小学校廃止条例について一般的規範であるとした高裁判決を支持した最判平成一四・四・二五（判例地方自治二二九号五二頁）や水道料金を改定する条例は「処分と実質的に同視することはできない」とした最判平成一八・七・一四（民集六〇巻六号二三六九頁）などと異なって、本件条例による債権放棄の場合に、その直接的具体的な法効果を承認した理由が説明されていない[14]。第二に、債権放棄が条例によらない場合、議会の議決は「長の専断防止」のために行われるもので、長の執行行為がなければ効力は生じないとしており、長の意思表示が債権放棄のいわば本体の行為とみられている。そうであるのに議会の債権放棄議決の適法性のみが問題とされ、長の意思表示自体の適法性が問題とされていない点である[15]。

この判決の基準は、裁量の逸脱・濫用を多様な要素を総合考慮して判断することとしているので、各要素に対する裁判所の態度、具体的な事例への適用により、結論が異なりうる可能性はあるようであり、住民訴訟制度と債権放棄議決制度との適切な調和をもたらしうるという期待を抱かせる面もあった[16]。

2　三最裁判の基準を適用した裁判例

三最裁判が示した債権放棄の違法性に関する判断基準を適用した裁判例には次のようなものがある。

(一)　さくら市浄水場用地購入事件・差戻後控訴審判決（東京高判平成二五・五・三〇裁判所ウェブサイト掲載）

本件では、後に合併してさくら市になった旧氏家町が、水道施設の拡張整備のため浄水場用地を確保して浄水施設を設置する予定だった。Mは、浄水場予定地周辺の本件土地を四五〇〇万円で競落し、町役場を訪れて七〇〇〇万円程度で町への売却を考えていることを述べていたが、当時の町長Nの友人の不動産業者を介して不動産鑑定士に本件土地の鑑定を依頼したところ、価格を二億七三九〇万円としたため、Mは本件土地代金として二億六五〇〇万円の要求額を示した。NはMとの間で本件土地を二億五〇〇〇万円で購入する売買契約を締結した。住民Xから本件鑑定は不当である旨の申し出を受けて、社団法人D協会は本件鑑定士の鑑定が極めてずさんであったとして六か月間の会員権停止処分をした。Xは、本件土地を取得する必要はなくその代金額も著しく高額であるのに本件土地の売買契約を締結した行為は違法であるとして本件売買の金額と適正な金額との差額をNに対して損害賠償請求することを市長Yに対して求める訴訟を提起した。一審は、Xが提出した本件土地の評価額を七五九〇万円とする鑑定を適正価格と認め、Mに対してこの適正価格に整地費用等を加えた一億四四三万五〇〇〇円と本件売買の代金額との差額を町の損害としてMに対する損害賠償請求に係る請求を認容する判決を言い渡した。その後、議会の議決によりNに対する賠償請求権放棄が行われたが、議会に提案された債権放棄提案理由書には、一審判決が示した判断を否定する内容が述べられていた。すなわち、一審判決が認めていた元町長Nの「裁量の逸脱、濫用がみられない」こと、「訴訟第一審における認定の基礎とされた被上告人鑑定書の内容は、固定資産評価額等と著しくかけ離れている一方、本件売買の代金額は、固定資産評価額とも著しい差はなく、正常価格に近い」、「本件土地の取得は水道事業の管理者として必然的な選択であったこと」「等に鑑みれば、参加人Nの判断に著しい錯誤はみられず、水道の事業計画の推進に必然的な土地の取得であったことを考慮して、参加人Nに対する上記の権利を放棄することは当然の帰結である」と。このように債権放棄提案理由が、一審の司法判断を否定する内容であったという事情が、C最判による差戻し後の控訴審判決でどのように判断されるか注目されたところである。

差戻し後の控訴審判決は、C最判が示した逸脱・濫用の基準を当てはめて次の通り判断した。

①(a)浄水場用地の取得が町の緊急の課題であったことからNが伝手を頼って鑑定依頼に方向性を付ける行動をとったことには相応の合理的な理由があった。(b)Mによる額の提示は鑑定評価をMに開示したことによるもので「軽率のそしりを免れないものの」公共用地取得の手続に則ったものである。代金額が高額に過ぎるに至った経緯について「Nの帰責性の程度は、小さいとはいえないとしても、Nにとって酌むべき相応の事情も認められるから、大きいとまではいえず、相応の程度にとどまっていると評価すべきである。」。用地取得の必要性はあり、契約締結行為の違法事由は専らその売買代金が高額に過ぎた点にある。Nは、用地取得の早急な実現に向けて努力すべき立場にあった。町が依頼した鑑定をMに開示し評価額を前提とした交渉となったが「折衝としての実態を有しない態様のものであったとはいえない」。またNに「不法な利益を得て私利を図る目的があったなどの事情」は認めるに足りない。

②議決提案理由書には「鑑定を論難するような記載がある」がこれがあるからといって「本件訴訟の第

一審判決の法的判断を否定する趣旨のものとは〔ママ〕解することはできない」。

③損害賠償請求権の行使により直ちに一億数千万円が徴求されて重い負担を負うことになれば「職務の遂行に萎縮的な影響が及ぶなどの状況が生ずるおそれもあり」「賠償責任につき一定の酌むべき事情が存するのであれば、その限りにおいて議会の議決を経て全部又は一部の免責がされることは、そのような状況を回避することに資する面もあるということもできる」。「Nの賠償責任を何ら合理的な理由もなく免れさせた〔ママ〕ことを企図したものでない」。

④議決によって裁判所における審理及び判断が妨げられるといった事情は存在していないし、また、市議会の判断を裁判所の判断に優先させるということにもならない。議決が主として住民訴訟制度における地方公共団体の財務会計行為の適否等の審査を回避し、制度の機能を否定する目的でされたことを基礎づけるような事情は認めるに足りない。

差し戻し審の判決の住民訴訟との調和に関する判断は、②~④にかかわるが、特に②について議会の放棄議決の理由は、一審判決が根拠とした鑑定を不当とし、Nに過失はないと判決内容を論難するものであっても「法的判断を否定するものではない」としたほか、③放棄に一応の合理性が認められ、④議決の適法性を総合考慮の枠組みで裁判所が判断できることが考慮され、住民訴訟制度による財務会計行為の適否の審査を回避したり、制度の機能を否定することにはならないとした。

（二）　檜原村損害賠償金請求事件・一審：東京地判平成二五・一・二三（判時二一八九号二九頁）・二審：東京高判平成二五・八・八（判時二二一一号一六頁）

本件は、前訴において住民Xが四号請求訴訟を提起して村長Aに対する損害賠償請求することを命ずる判決が確定していた（最判平成二二・二・一六〔判例集未登載〕、東京高判平成二〇・一二・二四

〔判例集未登載〕）が、前訴二審東京高裁判決後の平成二一年三月二七日に村議会で本件債権を放棄する旨議決をし、同年四月一〇日にＬ村長からＬに債権放棄を執行する旨の通知が行われ、判決確定日から六〇日を経過しても損害賠償金が支払われないのに、代表監査委員Ｙが自治法二四二条の三第二項及び第五項の規定に基づいて村を代表してＬに対する当該損害賠償の請求を目的とする訴訟を提起しないとして、Ｙに対して、Ｌへの損害賠償金の請求を目的とする訴訟の提起を求めるとともに訴訟を提起しないことは財産の管理を怠る事実に該当し違法であるとしてその確認を求めた事案であった。

一審判決は、最判Ａの基準に従って債権放棄議決の違法を次のように認め、Ｙが前訴確定判決に係る訴訟を提起しないことは財産の管理を怠る事実に該当し違法とした。

①前訴の高裁判決で認定されたところに従って判断しているが、非常勤職員に対する内規に基づく給与支払いは、自治法二〇三条五項および二〇四条の二の規定に反するが、これらの「給与条例主義は、普通地方公共団体の組織の構成における原則として最も基礎的なものであって、……当然にこれに配慮すべきものであり、……賃金の支払としての公金の支出についても、相応の配慮をすれば、その適法性に問題があるとの認識に容易に至ることができたものとみられる。」「村長として尽くすべき注意義務を怠った過失があるとの評価を免れないものと考えられる」。処遇の相違が地方公務員制度の根幹をなす事柄であることに照らすと「過失の程度は、決して小さなものとはいい難い」。「本件嘱託職員につき不法な利得を図るなどの目的によるものではなく、Ｂ村長においても、同様に自らの不法な利得を図るなどの目的によるものではなかった」。

②本件の放棄議決が「先行訴訟の控訴審判決とは異なる事実関係に係る認識及びこれを前提とする評価に立脚するものであることが明らかである。」。また、定例会の最終日当日に提出されて一時間あまり

の審議の後に議決されており「先行訴訟の控訴審判決における事実認定等を不服とし、又は少なくともこれを尊重する趣旨に出たものとはいい難いものと解されてもやむを得ないというべき」である。③「村議会が本件議決をそれがされた時点でしたことについては、少なくとも十分に合理的な理由があったとまではいい難い」。④本件決議については「主として住民訴訟制度における当該財務会計行為等の審査を回避して制度の機能を否定する目的でされたなど住民訴訟制度の趣旨を没却する濫用的なものに当たるとまでいうべき事情の存在は直ちには認め難」い。

これに対して、二審判決は、同じ基準によって判断しながら、放棄議決の違法性を否定した。①本件嘱託員に対して支払われた賃金及び諸手当には「いわば形式的な不備は認められるものの、実質的な違法があったわけではない」。給与条例主義に法の不知により反したことについては村長に過失があるというべきであるが、村の関係者の多くは「L村長の個人的な過失というものではなく、檜原村としての組織の責任が問われていると受け止めており、檜原村の行財政改革に水を差す結果になりかねない事態が生ずるおそれも認められる」。「本件嘱託員に対して支給された諸手当合計七五六万三八〇〇円の支出は、依然として地方自治法の規定に反する違法なものであるが、その実質をみると、本件嘱託員に対して不当な利得を得させようとしてなされたものではなく、もちろん、L村長において自らが不当な利得を得ようとしてなされたものでもない。……このような一連の方法は、……人件費全体を削減するのに必要かつ有益な措置であったことが認められる」。②「本件議案は、先行訴訟の控訴審判決の内容に対する不服を前提に提案されたものであることは否定でき」ないが、「議会での審査全体をみると、必ずしも裁判所の司法判断を軽視するものではなく、司法判断とは別に、村議会の政治的判断として、異論があることは十分に踏まえた上で、その支出が本件嘱託員やA個人に不当な利益を得させるようなものではなかったことや、檜原村の行財政改革が高い成果を上げており、それにはL村長の功績が大きいことや、L個人への賠償請求により行政の萎縮や行政サービスの低下が懸念されることなど、檜原村に及ぼす利害得失を総合的に勘案した上でなされものであることが認められる」。

③④「檜原村のこれまでの行財政改革の状況を最もよく理解している檜原村議会として、その利害得失を総合考慮した結果、檜原村のL個人に対する損害賠償債権を放棄することが檜原村のために最も適切な方法であると判断したものである。そうすると、檜原村議会は、本件議決によって地方自治法が定めている住民訴訟制度の趣旨を没却させることを意図したものではないと認められるから、本件議決が不合理で、檜原村議会がその権限を濫用したものとまでみるのは相当ではないというべきである」。

檜原村事件の一審・二審両判決をみると三最裁が示した基準は、確かに具体的な事件における個別考慮事項の裁判所による評価によって結論は異なりうることが理解される。

結論が逆転した理由のうち大きく異なるのは、基準①(a)違法事由の性格、(b)帰責性の評価、および④の住民訴訟の係属との関係であった。すなわち、村長が進めた行財政改革への評価と関わって、一審判決が、給与条例主義を組織構成原則の最も基礎的なもので、適法性に問題があるとの認識に容易に至れたとして村長の帰責性を認めたのに対し、二審判決は、村長の進めた行財政改革の有益さを認め、違法性を形式的な不備とみ、過失を村としての組織の過失とみて村長個人の過失を認めなかった。基準②～

④にかかわり、住民訴訟の係属との関係について、一審は、放棄議決が先行訴訟の判決と異なる事実認識を前提としたもので司法の事実認定等を不服とし少なくとも「尊重しない」とみたのに対して、二審は、議決は議会として利害得失を総合考慮した結果、放棄を最も適切な方法と判断したとしたもので、住民訴訟制度の趣旨を没却させる意図ではないとした。異なる事実が認定されているわけではなく、各考慮事項についての裁判所の評価によって結論が左右されており、結論がどちらにも転びうる点では基準としての適切さに疑問を生じさせる。

(三)　国立市マンション求償金住民訴訟事件・東京地判平成二六・九・二五（裁判所ウェブサイト）

国立市（X）内でマンション建築を計画していたO社から、市長だったYによって営業活動を妨害され、信用が毀損されたとして国家賠償法に基づく賠償の訴えを提起され賠償金二五〇〇万円と遅延損害金の支払をXに命じる判決が確定し、Xは合計約三一二三万円をO社に対し支払った。Xの住民はYのO社に対する営業妨害等の行為は故意または重大な過失によるとして、XがYに対して国家賠償法一条二項に基づく求償権を有するのに、市長がこれを行使していないことは違法に財産の管理を怠る事実に該当するとして同市長を被告として求償権の行使を求める訴えを東京地裁に提起し、Yは市長に補助参加したが、一審東京地裁は市長に対して、Yに求償金約三一二三万円とその遅延損害金の支払を請求するよう命じる旨判決した。市長はこれを不服として控訴したが、その後新たに選挙された市長が控訴を取り下げたため、一審の判決が確定した。Xが、Yに対して一審判決で命じられた求償請求を行ったが判決確定から六〇日以内にその支払がなかったとして自治法二四二条の三第二項に基づいて求償金と遅延損害金の支払いを求めた。その後、市議会はYに対する本件求償権を放棄する議案を可決し、市長はこれを再議に付していなかった。

東京地裁は、三最判には言及していないが、「本件求償権を放棄する旨の議決をすることが、普通地方公共団体の民主的且つ実効的な行政運営の確保を旨とする地方自治法の趣旨等に照らして不合理であってその裁量権の範囲の逸脱又はその濫用に当たると認めることはできない」とした。放棄議決の有効性の判断に際して考慮した事項は、三最判の示した基準どおりではないが次のとおりであった。

○Xは、本件損害賠償金と同額の本件寄附をO社から受けたことにより、「財政における計算上は、本件損害賠償金の支出による損失が事実上解消されたものと見ることは可能である」。

○被告Yは、営業妨害等の行為を「O社という特定の企業の営業活動を狙い撃ち的に妨害しようとして行ったわけではなく、飽くまで、景観保持という自身が掲げる政治理念に基づいて行ったものと認めるのが相当であり、また、被告Yが、それによって何らかの私的な利益を得たものと認めることはできない」。「各行為の前提として被告Yが掲げていた政治理念自体が、民意の裏付けを欠く不相当なものであったと認めることはできない」。

○「本件地区計画の決定並びに本件条例の制定及び施行自体についての被告Yの行為を違法行為と認めることは困難である」。先行訴訟の判決で「違法行為とされた被告Yの行為は、……違法性の高いものであったと認めることはできない」。

の諸点であった。

小　括

三最判の基準を適用して債権放棄議決の適法性を判断した裁判例をみると[17]、財務会計行為の違法事由の性格について、給与条例主義のような地方自治法の重要原則の重みづけについてもまったく個々の裁判官のさじ加減に委ねられているようであり、基準自体の自由度の高さが問題であろう。また、住民訴訟制度保障の趣旨との調和という点では、議決の適法性について最終的に裁判所による判断の道が保障されている限り論理的に裁判所の判断を回避する趣旨と解される議決はほぼあり得ないようにみえる。また、檜原村事件の高裁判決のように、あからさまに司法判断を否定する趣旨の議決であっても裁判所は「放棄議決の提案理由を強調し訴える政治的な表現」とみる可能性はあり、住民訴訟制度の趣旨を没却する違法な放棄と判断される余地はほとんどないように思われる。[18] 他方、国立市事件東京地裁判決は、民意の裏付けのある首長の行為の正当性や、地区計画の決定や条例の制定に基づいて行われた行為の違法性の程度が高いものではないことを考慮して放棄議決の適法性を判断することを可能にする基準であることを示した。[19] ただし、これまでに三最判の基準を適用した裁判例からは、この放棄議決の適法性判断の基準自体は、民意の裏付けの有無、財務行為の法令や制度上の根拠の有無を問わず、債権放棄議決に関する議会の裁量をきわめて広く認め、それを違法とする場合がほとんどないように思われる。

3　住民訴訟制度への影響

三最判の基準を適用した裁判例からは、債権放棄議決が住民訴訟制度の趣旨を没却すると認められる可能性はほとんどないことがうかがえるが、三最判が適法性判断の基準を示した結果、示された基準を意識した議決が行われるようになり、ますます放棄が違法と認められる場合は少なくなると考えられる。損害賠償・不当利得返還請求にかかる四号請求が提起されれば、議会と首長とが友好的な関係にある自治体では放棄議決が行われる可能性は増大すると見込まれる。このような四号請求訴訟の提起に対応する債権放棄議決が常態化すれば自治体と対立する見解を有する住民が住民訴訟を提起して自治体の財務行政を統制しようという意欲をくじき、最高裁判例が本来の意義があるとしてきた局面で住民訴訟の住民参政的機能が一部働かなくなると考えられる。

四号請求において争われている財務会計行為に関して自治体が債権を適法に放棄することが認められれば、違法な財務会計行為による自治体の財産上の損失を防止・回復する住民訴訟の機能は後退させられると言わざるをえないが、住民訴訟による当該財務会計行為の違法性確認による適法性統制機能がそれによって否定されるものではなく、債権放棄議決の適法性を認めた判決においても、財務会計行為の違法性判断は示されており、自治体と住民の判断が相反している場合の違法性を前提とする是正制度としての住民訴訟の意義自体が失われたわけではない[20]。また、檜原村事件東京高裁判決は、先行の住民訴訟が提起された後、「いわゆるコンプライアンスを徹底するための各種の措置が講じられてきたことが認められ……これを真摯に受け止めていたことも認められる」と述べており、訴訟が自治体による法令遵守を促す実際上の効果をもつことも期待できるところである。

ただし、従来四号請求訴訟が有してきた自治体にとっての損失防止機能が失われたことへの対応を検討する必要があり、債権放棄議決の制度と住民参政の保障としての住民訴訟制度の調和という観点から制度改正が必要であることも否定できない。

三　住民訴訟制度改革論

1　経　緯

(一)　二〇〇二年自治法改正

一九六三年の自治法改正による現行住民訴訟制度導入後、一九九四年には旧四号請求の被告となった職員が勝訴判決を得た場合の弁護士費用の補助に関する規定が追加されたが、その後二〇〇二年、訴訟類型を再構成する自治法改正が行われた。

二〇〇二年の改正に至る経過について、第二六次地方制度調査会「地方分権時代の住民自治制度のあり方及び地方税財源の充実確保に関する答申」（二〇〇〇年一〇月）は、次のように述べていた。現行住民訴訟制度では「長や職員個人を被告として訴えることができること、また、長や職員は裁判に伴う各種負担を個人として担わざるを得ないことから、長や職員に政策判断に対する過度の慎重化や事なかれ主義への傾斜による責任回避や士気の低下による公務能率の低下が生じ、地方公共団体が積極的な施策展開を行うことが困難になる」と。二〇〇一年、会社法では、取締役等の賠償責任について、「高額の賠償責任の負担を恐れての経営の萎縮」を理由として限度額を設ける改正が行われていたが、住民訴訟の制度改革が求められた事情と類似するものがあった[21]。

しかし、二〇〇二年の自治法改正の中心的な内容は、個人を被告とする旧四号請求訴訟を廃止し、自治体の執行機関を被告として、当該職員等に対して損害賠償請求をすることを求める義務付け訴訟に再構成することであった。これは、「当該職員」が住民訴訟に直接さらされることを避け、個人の費用で応訴するのではなく、自治体の公費で訴訟を遂行するなど、公務員の訴訟負担を軽減するものであった。高額の賠償責任の負担という点については、会社法のような解決には至らなかった。

一九九八年に千葉県鋸南町を皮切りに、この後住民訴訟で争われている損害賠償請求権や不当利得返還請求権を自治体が放棄する事例が増えた。

（二）　第二九次地方制度調査会「今後の基礎自治体及び監査・議会制度のあり方に関する答申」（二〇〇九年）

四号請求訴訟の提起に対応する債権放棄議決が相次いだ状況に対して、第二九次地方制度調査会は、答申において、「四号訴訟で紛争の対象となっている損害賠償又は不当利得返還の請求権を当該訴訟の係属中に放棄することは、住民に対し裁判所への出訴を認めた住民訴訟制度の趣旨を損なうこととなりかねない。このため、四号訴訟の係属中は、当該訴訟で紛争の対象となっている損害賠償又は不当利得返還の請求権の放棄を制限するような措置を講ずるべきである。」とした。

(三)　地方財政会議「地方自治法抜本改正についての考え方」(二〇一一年)

その後、地方財政会議においてもこの問題が取りあげられたが、同会議は、「住民訴訟の対象とされた長等に対する地方公共団体の損害賠償請求権等の放棄に関し、住民訴訟係属中のみならず判決確定後の放棄制限の要否や、放棄する場合の具体的な要件について、判例の動向を見極めながら引き続き検討していく。併せて、四号訴訟における長の責任要件や賠償額等の制限の是非についても引き続き検討していく」としていた。

(四)　総務省住民訴訟に関する検討会『報告書』(二〇一三年)

三最判で、この問題に関する最高裁判所の初めての判決されたことを受けて、二〇一二年七月に総務省に住民訴訟に関する検討会が設置され、三最判が示した住民訴訟制度の下における長等の責任追及のあり方に関する課題を検討し、制度的な解決の方向性を示す『報告書』を二〇一三年三月に公表した。『報告書』が示した解決の基本的方向の概略を以下に示す。

第一に、最高裁判決が提示した課題について、最判の個別意見は、住民訴訟制度下、「個人が処理できる範囲を超えた過大で過酷な負担を負わせる場面が生じている」ことに言及があり、議会による債権放棄はそれへの対処方法としての側面があると示唆していることをあげた。

第二に、長が責任を負う場合の要件にかんして、個人としての注意義務違反があったときであることを明確にしたり、要件を故意又は重過失とする方法があるとした。

第三に、損害賠償請求という形式や損害賠償額のあり方について、長等個人に対する損害賠償請求等のみを義務付ける現行四号訴訟に加えて、違法の確認と抑止や是正のための新たな手段を創設することが考えられるとしたほか、軽過失の場合に長等個人が負担する実体法上の損害賠償額を法律又は法律に基づく条例によって限定する、または住民訴訟によって実現する額のみを限定する方法もあるとした。

第四に、議会による損害賠償請求権等の放棄について、権利放棄議決の手続要件を定めて議決の合理性を確保する方法があるとするほか、現行の権利放棄の仕組みを維持して自治法二四五条の四第一項に基づく技術的な助言で、裁量権の逸脱・濫用に当たる消極事例を示すことが考えられるとした。

第五に、内部統制を整備し、適切に運用していれば、不正やミスが発生した場合、長等は指揮監督上の注意義務を果たしたとして過失が否定され、責任の所在が明確になるとし、これを構築する義務を果たしていない場合には責任を加重する根拠にもなるとする。

第六に、現行法上、四号訴訟につき訴訟上の和解が否定的に解されているため訴訟外の和解が利用される実情があるが望ましくなく、訴訟上の和解を認めることが考えられ、検討が必要とした。

第七として、以下のような六つの対応案が考えられるとしたが、いずれか一案に絞らず、今後の議論の中で適切な改革案に収れんしていくことを期待するとした。

長等が過大な責任を追及されるという問題に対しては、対応案Ⅰ＝長等が責任を負う場合の要件を明確化することを中心とする案。対応案Ⅱ＝要件を見直して故意又は重過失とすることを中心とする案。対応案Ⅲ＝四号訴訟の他に違法確認訴訟を通じた是正措置の義務付けを追加することを中心とする案。対応案Ⅳ＝免除の合理性を高めるための手続要件を定める案。

議会による損害賠償請求権等の放棄については、対応案V＝損害賠償債務等を確定的に免除する手続を設定する案。対応案VI＝免除の合理性を高めるための手続要件を定める案。

（五）　第三一次地方制度調査会　専門小委員会（二〇一五年）

第二三回専門小委員会における資料「今後検討すべき論点について（ガバナンス関係）IV」において、「事務処理の適正性確保の要請への対応」のなかで住民訴訟制度について次のように整理されている。「住民訴訟については、不適正な事務処理の抑止効果があると考えられるが、一方で、四号訴訟における長や職員の損害賠償責任について、平成二四年各最判の個別意見等においては、長や職員への萎縮効果等も指摘されている。このことを踏まえ、財務会計行為の違法性を確認する仕組みの導入、四号訴訟の対象となる損害賠償請求権の訴訟係属中の放棄の禁止や放棄する場合の監査委員の意見の聴取を行うことが必要ではないか」。「これらを含めた全体のガバナンスの見直しにより不適正な事務処理の抑止効果を高めるとともに、長や職員の損害賠償責任については、長や職員への萎縮効果を低減させるため、国家賠償法とのバランスも考慮して、故意又は重過失の場合に限定することが必要ではないか[22]」。

2　住民訴訟制度・債権放棄制度改革上の論点

住民訴訟制度と議会による債権放棄制度の改革を議論する上での論点に触れておきたい。

第一に、四号訴訟において、首長等個人に過重な損害賠償責任の負担を課すことになる点にかんして、『報告書』も述べるとおり、要件が過失とされており[23]、国家賠償法において公務員個人に対する求償の要件との関係で均衡を欠くことが指摘されてきた。四号請求にかかる賠償請求の主観的要件について、国家賠償法に合わせて当該職員等に故意または重過失がある場合に限定することは合理的であると思われる。兼子仁教授[24]および曽和俊文教授[25]がすでに主張するところである。これに対して、阿部泰隆教授は、従来要件を重過失とすることを主張していたが、軽過失でよいと説を変えた。その理由は、首長は、「内部統制システムを構築することができるのだし、一言調査せよといえば、神戸市ほどの大都市なら有能な職員が多数いるからたちどころに調査できるはずである。そして、平成一四年改正で首長は敗訴しても弁護士費用を公費負担にできるという有利な立場になった。そこで、筆者は過失責任主義に改説した[26]」と説明している。内部統制システムの構築は望ましく、それが構築されるならば内部統制を経た財務会計行為に過失はなかったとの推認が働くことになろう。しかし、小規模自治体も含めてすべての自治体について一律にそのようなシステムの構築を求めることは困難であろう。内部統制システム構築の容易さは、重過失の有無を判断する際に考慮されればよいように思われる。

当該職員等に故意または重過失がある場合にまで債権放棄を行って当該職員等を責任から逃れさせる理由はないと考えられ[27]、賠償請求が故意または重過失を要件とされると債権放棄の議決等にも制約を及ぼすべきと考えられることになる。少なくとも故意または重過失がある場合にまで債権放棄が許されるについては特段の事情について慎重な判断を要することになろう。

第二に、過失要件をそのままにする場合に賠償責任を緩和する方法として賠償額を限定するという方法もあり得る。二〇〇二年の会社法改正でも同様の議論があり、同法では会社役員等の責任が株主代表訴訟の制度との組み合わせで、過酷な責任を負わせられるとして、当該役員等が「職務を行うにつき善意でかつ重大な過失がないときは」役員等が会社から受けた財産上の利益の額を基準として最低限度の責任額を限度に（代表取締役の場合六年分、その他取締役四年分、社外取締役・執行役二年分）免除できることとされた。これにならって、住民訴訟の場合には、軽過失の場合には賠償額について長等が当該自治体から得ている報酬等を基準に二～六年分までに損害賠償額を限定するというものである。しかし、これについては一般公務員ではこのような賠償額の限定がないのに首長等の当該職員の場合についてだけなぜ損害賠償額を限定するのかという疑問に答えることができない問題があるように思われる。

第三に、自治体の債権放棄に関しても何らかの限定が考えられるべきである。立法的に賠償責任が故意または重過失の場合に限定されるならば、三最判の⑶①～③の基準において考慮され、債権放棄は裁量の逸脱・濫用に当り許されないとの判断を根拠づけ、少なくともそれでもなお放棄を必要とする事情が示されなければならないであろう。なお、『報告書』では、自治法二四五条の四第一項、第二項に基づいて消極事例を技術的に助言する対応案が示され、消極事例についての助言で権利放棄について議会が相当慎重になるという。しかし、三最判の事例および檜原村の事例がいずれも消極事例には属さないと考えられるとすれば議会の判断を慎重ならしめる消極事例を想定するのは困難なように思われる。[28]

賠償責任の要件を加重することで債権放棄は例外的にのみ行われることになるが、その合意が得られない場合には、住民訴訟制度の趣旨を損なわないようにするための最小限度の要件規定を追加することもやむを得ない。債権放棄について、最高裁が議会の裁量を尊重するとした根拠は地方自治尊重の趣旨もあるが、制定法になんら要件が設けられていないとする制定法準拠主義にもあるとみられる。最高裁は、「制定法準拠主義」に立って、極めて抽象的な要件であっても法定の要件の充足を判断している場合があり、[29]債権放棄について、議会の裁量権尊重との調和を図って最低限「公益上必要がある」等の要件を追加することで、債権放棄の適法性の審査密度を向上させることが可能になると思われる。

放棄議決に必要とされる手続要件として、監査請求、住民訴訟の提起があれば、当該財務会計行為の適法性について監査委員および裁判所の判断を待つこととすべきであろう。

また、住民訴訟による住民からの自治体の財務統制の機能を発揮させるうえでは、従来もっぱら四号請求を中心に利用されてきたところだが、一号請求による違法な行為等が行われる前の差止めを中心とする方向へシフトすることが必要である。この場合、二〇〇二年の地方自治法改正に際して民事保全法の仮処分の適用は、主観訴訟にかんするものであり、客観訴訟である住民訴訟にはふさわしくないとして適用を排除されたが、住民訴訟にふさわしい仮処分制度を設けることと併せて検討する必要がある。

おわりに

自治体の債権放棄は、地方自治制度の一部であり、自治体のいわば生理現象としてそれが用いられるべき場合がある。しかし、四号住民訴訟が提起された財務会計行為との関係で生じる損害賠償請求権や不当利得返還請求権について訴訟提起後に放棄することは住民訴訟制度が保障された趣旨を没却するおそれがあることが指摘されてきたが、三最判は債権放棄議決について議会に広範な裁量を認めることで住民の訴訟提起による財務統制の意欲をそぎ、その結果住民訴訟の制度に大きなダメージを与えたことは確かだと思われる。ただし、住民訴訟が、自治体にとっての損失防止の機能の点で後退させたが住民参政による財務会計行為の適法性統制の機能をそれによって喪失したわけではないことも確認しておく必要がある。この機能を活かしつつ、住民訴訟制度自体の適正化を図るとともに、債権放棄にも制限を加える改革を行うことで、改めて再活性化を図る必要がある。

（1）上村考由「判例解説」法曹時報六七巻八号（二〇一五年）一九三頁。
（2）阿部泰隆「権利放棄議決有効最高裁判決の検証と敗訴弁護士の弁明（一）」自治研究八九巻四号（二〇一三

年）四頁。

(3) 櫻井敬子「住民訴訟の現在　行政法講座六九」自治実務セミナー二〇一四年二月号一一頁。さらに、同「これまでの地方分権改革について」自治総研四二二号（二〇一三年）六二頁。

(4) 住民訴訟の制度趣旨として、第一に、自治体の財務会計行政の適法性を確保すること、第二に、自治体の財産上の損失を防止すること、第三に、住民参加を促進すること、があるとされている。参照、村上順・白藤博行・人見剛編『新基本法コンメンタール　地方自治法』（日本評論社、二〇一一年）三三七頁以下〔曽和俊文〕。

(5) 飯島淳子「議会の議決権限からみた地方自治の現状」論究ジュリスト(3)（二〇一二年）一三五頁。

(6) 大阪府・市によるこの問題での債権放棄方針の決定について、二〇一一年一月二一日朝日新聞・朝刊、滋賀県における債権放棄の方針等について、二〇一一年一月二一日毎日新聞・朝刊。

(7) 二〇一一年一月一三日朝日新聞・夕刊は、兵庫県地域振興課の「調停条項案には合理性があると判断した。公社が破綻すれば戻ってくる金額が大幅に減る可能性が高いことも考慮した」とするコメントを報じている。滋賀県造林公社の債務問題について、滋賀県はこれまでの政策および造林公社の運営などについて検証し、造林公社の経営の健全化などに資するため、二〇〇八年一〇月に第三者による「造林公社問題検証委員会」を設置し、二〇〇九年九月四日、知事に「造林公社問題検証委員会報告書」を提出した。

(8) 碓井光明『要説住民訴訟と自治体財務〔改訂版〕』（学陽書房、二〇〇二年）一八七頁、安本典夫「住民訴訟・新四号訴訟の構造と解釈」立命館法学二九二号（二〇〇三年）三九八頁、野呂充「議会と住民訴訟」地方自治判例百選〔第三版〕（二〇〇三年）一二九頁、斎藤誠「住民訴訟における議会の請求権放棄」法学教室三五三号（二〇一〇年）二頁以下など。なお、阿部泰隆・白藤博行『住民訴訟と議会と首長』（地域科学研究会、二〇一一年）が、三最判までの裁判例や学説について詳しい。

(9) ただし、この点について条例によらない債権放棄が問題となったC最判は述べていない。小川正「住民訴訟判決と地方議会の放棄議決（上）」自治総研四一三号（二〇一三年）九三頁注（31）は、長による債権放棄の意思表示がなされていたので争点となっていない、という。

(10) 戸部真澄「判例解説」法学セミナー増刊速報判例解説Watch(14)(二〇一四年)六三頁は、「総合考慮の中で、従来、学説が重視していた『住民訴訟制度の趣旨との抵触』や権利放棄の『公益性』も考慮される仕組みとなっている」とする。しかし、小川正「住民訴訟判決と地方議会の放棄議決(下)」自治総研四一四号(二〇一三年)四八頁は、「これら審査基準たる諸般の事情が、どのような理由から取りあげられたのか、それぞれについてどのような具体的事情が考慮されるのか、どのような具体的事情が適法判断を導くのか(あるいは違法判断を導くのか)、そしてその具体的事情の比重は同じなのか比重に差があるのかなどは明らかでない」という。

(11) 寺田友子「判例研究」桃山法学二〇=二一号(二〇一二年)五三六頁は、この判断基準は「個々の債権の放棄については、適切な判断基準であると思う」という。これに対して、戸部・前掲論文六四頁は、「同判断枠組みはあまりに自由度が高く、事実の恣意的な選択と評価を妨げえないものとの批判も可能」という。

(12) 斎藤誠「住民訴訟の対象たる請求権の議会による放棄議決」法学教室・判例セレクト二〇一二(二〇一二年)一一頁はこの点を批判する。

(13) 戸部・前掲論文六三頁は、「この論法に従えば、権利放棄議決によって、客観的な意味で住民訴訟制度〔の趣旨……筆者補〕が没却されることは原理的にありえないこととなる」という。参照、橋本博之「判例評論」判時二一八七号(二〇一三年)一五九頁。

(14) 小川・前掲論文(下)五〇頁は、最高裁判決の背景には、横浜市保育園廃止処分取消請求事件に関する判決があるという。また、岡田正則「住民訴訟債権の議会による放棄」ジュリスト別冊地方自治判例百選〔第四版〕一八九頁は、本件条例は一種の狙い撃ち条例であるとし、最判平成一六年一二月二四日民集五八巻九号二五三六頁が示した条例の対象者の地位を不当に害することのないよう配慮すべき義務の位置付けが不明であると指摘する。

(15) この点は、条例による債権放棄が問題となったA最判およびB最判でのみ述べられ、逆に条例によらない債権放棄が問題となったC最判では触れられていない。長の放棄を執行する行為の適法性が問われるとすると、阿部泰隆教授が主張してきた、首長の善良な管理者の注意義務や自治法二四〇条三項と施行令一七一条から一七一条の七までの規定に基づく債権放棄・免除の制限への違背が問題となると思われる。参照、阿部泰隆「地方議会による地方公共団体の賠償請求権の放棄は首長のウルトラCか（上）」自治研究八五巻八号（二〇〇九年）一五頁以下。

(16) 塩野宏『行政法Ⅲ行政組織法〔第四版〕』（有斐閣、二〇一二年）二一九頁は、最高裁判決の判断枠組みの「具体的事件における当てはめは、それぞれの事案の特色、個別考慮要素に関する裁判所の解釈態度により必ずしも一義的な結果をもたらすものではない」とする。岡田・前掲論文一八九頁は、この基準が「従前の逸脱・濫用審査を一歩進めて、審査密度の向上を図るものと評価」する一方、「どの要素をどの程度考慮するのかは、……ケース・バイ・ケースの判断になってしまう」とする。そのほか、友岡史人「議会による債権放棄の議決に係る効力要件と判断基準」法学セミナー六九〇号（二〇一二年）一四一頁。また、曽和俊文「住民訴訟と債権放棄議決――最判平成二四・四・二〇の検討を中心として」民商法雑誌一四七巻四・五号（二〇一三年）四〇二頁は、最高裁判決の基準では「多様な考慮要素が列挙されているので、具体的事例における適用しだいでは、住民訴訟制度と債権放棄議決制度との適切な調和をもたらすことも可能であると思われる」と一定この基準が果たしうる両制度の調整に期待を寄せ、とくに、C最判事件の差し戻し控訴審判決に注目していた。

(17) 本文で検討した裁判例以外で、三最判の基準に従って債権放棄議決の違法性を否定した裁判例として、大阪高判平成二四・九・二七、大阪高判平成二四・一〇・一二、大阪高判平成二五・三・二七（いずれも判例集未登載）、大阪地判平成二五・五・一五判例自治三八〇号三一頁があるが、いずれも放棄議決を有効と判断している。

(18) 兼子仁「住民訴訟請求権の放棄議決をめぐる法制問題」自治総研四〇六号（二〇一二年）五四頁は、「専ら地・高裁の財務違法判定に反発しこれを批判する意図を明示しての放棄議決は、……違法無効と判定されよう」としていた。

(19) 白藤博行「国立マンション求償金住民訴訟判決の意義と論点」住民と自治六二〇号（二〇一四年）二七頁は、「住民訴訟の意義を蔑ろにする議会の権利放棄には慎重であるべきだが、議会の権利放棄議決の生理と病理について、事件ごとに精査する必要はある」とする。

(20) 塩野・前掲書二二〇頁は、日本の地方自治法制におけるモザイク現象の一例として、在来の権利放棄の議決の制度と外来の住民訴訟制度が、明確な制度的連結のないままに併存していることをあげるが、「財務運営の適法性の確保という機能は、議会の債権放棄議決プラス住民訴訟の現行のモザイク模様でも維持されていることにも留意する必要がある」とする。さらに、参照、室井敬司「行政法演習」法学教室三八二号（二〇一二年）一二三頁。

(21) 会社法の取締役等の法令違反行為に基づく会社に対する責任について、「取締役が高額の賠償責任を負担することを恐れて経営が萎縮することがないように、商法が総株主の同意がなければ取締役の責任を免除することができないとしてい」た点を改めて、「その取締役が負うべき損害賠償責任の額からその取締役の報酬の一定年分等「を控除した額を限度として、株主総会の決議をもって免除することができることとした」太田誠一衆議院議員による趣旨説明（第一五三回国会参議院法務委員会会議録一二号（二〇〇一年一二月四日）一六二頁以下）。参照、江頭憲治郎『株式会社法（第五版）』（有斐閣、二〇一四年）四七三頁。

(22) 第三一次地方制度調査会は、二〇一六年三月「人口減少社会に的確に対応する地方行政体制及びガバナンスのあり方に関する答申」を公表した。第3・4「住民」に「住民訴訟制度等の見直しの方向性」を述べるが、本文で触れた同調査会専門小委員会の述べる方向とおおむね同じである。

(23) 最判昭和六一年二月二七日民集四〇巻一号八八頁は、「普通地方公共団体の長の当該地方公共団体に対する賠償責任については民法の規定によるものと解するのが相当である」として過失責任主義を採ることを明確に示した。

(24) 兼子・前掲論文五九頁。なお、兼子教授は現行法の解釈としても重過失以上を要件とする。同前五七頁。

(25) 曽和俊文「住民訴訟制度改革論」法と政治五一巻二号（二〇〇〇年）二二七頁。

(26) 阿部・前掲論文一三頁。阿部教授は、改説の理由について、最近、国家賠償における公務員の個人責任は、損害回復という点で二次的であるのに対し、四号請求は個人責任追求の制度であることを追加した（阿部泰隆「地方制度調査会における住民訴訟制度改正の検討について」自治研究九二巻一号（二〇一六年）三頁以下）。しかし、国家賠償で公務員の個人責任が原則として否定された根拠にも「公務員が萎縮し、適正果敢な公務の執行が抑制されることが懸念される」ことがあったこと（宇賀克也『行政法概説Ⅱ行政救済法〔第5版〕』（有斐閣、二〇一五年）四五七頁）に鑑みれば、両者の責任要件のバランスを考えることは合理的であろう。

(27) 兼子・前掲論文五六頁参照。

(28) 住民訴訟勝訴の確定後には、その債権を自治体が放棄することは許されないとする解釈もある（村上ほか・前掲書三四九頁〔曽和俊文〕、友岡・前掲論文一四一頁、長内・前掲論文一六四頁）。ただし、国立市マンション求償権事件の東京地判平成二六・九・二五は、四号請求にかかる先行訴訟の判決確定後に放棄議決が行われた事例であったが、議会の裁量権の逸脱・濫用を認めなかった。

(29) 補助金交付について、自治法二三二条の二では「公益上必要がある」の要件があるが、特定の補助金交付がこれを満たすか否かについて最高裁は自ら判断を示している（最判平成二三・一・一四判時二〇一六号三三頁）。

＊本稿は、二〇一四年一一月の日本地方自治学会における報告をもとに、原則として、二〇一五年九月までに参照しえた文献と資料に基づいて執筆したものである。

（おおた　なおふみ・行政法）

3　三号請求訴訟の新たな可能性
――政教分離訴訟における課題をふまえて[1]――

杉原丈史
（愛知学院大学）

一　三号請求訴訟をめぐる現状

住民訴訟類型の一つである三号請求訴訟とは、地方自治法（以下、「自治法」とする）二四二条の二第一項三号に基づき、普通地方公共団体の執行機関または職員（以下、「執行機関等」とする）が公金の賦課・徴収または財産の管理を怠る事実（自治二四二条一項）について、その違法性を確認する訴訟である。不作為の違法確認という訴訟形式は、行政事件訴訟法（以下、「行訴法」とする）三条五項により、抗告訴訟の一つとしても設けられているが、それと比較すると、三号請求訴訟には、①客観訴訟として、原告住民が地域的「公益の代表者」（最判昭和五三・三・三〇民集三二巻二号四八五頁）という立場で提起する、②不作為の対象には、処分以外にも、公法上の行為、私法上の行為さらには事実行為が含まれる、③違法性の前提としての作為義務についても、法令上の申請に対する応答義務に限定されないため、その違法確認判決は、実質的に二〇〇四年の行訴法改正で明文化された義務付け訴訟（三条六項）に相当する効果を有する、という特徴が認められる[2]。

こうした特徴をもつ三号請求訴訟が、従来の実務・学説においてどのように運用されてきたかについて、怠る事実の対象別に概観してみよう。

a）公金の賦課・徴収を怠る事実については、公金の賦課が、法律または条例に基づき、自治体が特定の者に対して権力的に金銭納付義務を発生させることを意味するという点に争いはないが、公金の徴収をめぐっては、こうした賦課により発生した金銭債権を対象とする、滞納処分のような行政上の強制徴収に限られるのか、あるいは契約などの非権力的行為形式によるものを含め、自治体が取得した金銭債権の取り立て全般をカヴァーするのかで解釈が分かれている[3]。裁判例では、大阪高判昭和五九・五・三一行集三五巻五号六七九頁が、後者の立場にたって、使用料（自治二二五条）のうち、契約により発生し、法律上、強制徴収の仕組みが整備されていない（同二三一条の三第三項参照）自治体経営のガス事業の料金債権をめぐり、大口需要者に対する市ガス供給条例所定の料金よりも低額の特別料金での供給につき、差額分を徴収しないことが公金の徴収を怠る事実に当たるとして、三号請求訴訟の提起を適法と判断しており、上告審たる最判昭和六〇・七・一六判時一一七四号五八頁も本案審理を行い、特別料金での需給契約を有効として違法確認請求を棄却した原審判決を維持している。もっとも、前者の立場を採っても、ガス料金のような対象外の金銭債権は、後述する財産の管理を怠る事実の対象の一つである「債権」（自治二四〇条）に該当するものと解されるため、三号請求訴訟の提起そのものが妨げられるわけではない[4]。

いずれの立場においても典型とされるのは**地方税**（自治二二三条）であり、裁判例としては、東京高判平成一一・九・二一判時一七〇一号五六頁が、町の文化会館の用地として賃借した土地の所有者に対し、町長が固定資産税の賦課徴収を怠る事実に関する三号請求訴訟において、地方税法および町税条例に基づく課税免除に当たらず違法な不作為であるとして請求を認容した。また、非課税規定の適用に関しては、東京地判平成一六・三・二五判例集未登載が、都税事務所長による宗教団体所有の不動産に対する固定資産税の非課税扱いが公金の賦課徴収を怠る事実に当たるとして、三号請求訴訟の提起を適法とした（ただし本案については、地方税法上、非課税規定の適用を受けるべき事案として請求棄却）。

一方で、地方税同様、処分によって科され（自治二五五条の三参照）、同税の滞納処分の例により徴収される（同二三一条の三第三項）**過料**に関しては、徳島地判平成二・一一・一六行集四一巻一一・一二号一八七九頁が、県の都市公園条例における使用料の不正免脱者に対する過料を知事が科していないことをめぐって提起された三号請求訴訟につき、当該過料が「適正な都市公園使用料収入を確保するとともに都市公園の維持管理又は行政事務遂行の円滑化を図る目的で設けられた行政罰の一種であり、…県財政の維持及び充実を目的とする財務会計上の行為とはいえない」との理由から、公金の賦課徴収を怠る事実に当たらないとして却下している[5]。これに対して学説からは、過料自体に収入としての側面があり、また判決自体も認める使用料収入の確保という賦課目的も財政維持につながることから、単純な目的二分論によって排斥できないのではないかとの疑義が示されている[6]。

b）財産の管理を怠る事実については、怠る事実と並ぶ住民訴訟の対象類型たる当該行為の一つとしての「財産の…管理」（自治二四二条一項）同様、自治法二三七条一項にいう財産、すなわち「公有財産、物品及び債権並びに基金」を対象とするが、後者が財産の積極的運用を意味するのに対して、前者における「管理」は、その財産的価値を消極的に維持・保存する作用とされる[7]。

対象となる財産のうち、**公有財産**（自治二三八条一項・二項）については、不動産（同一項一号）に対する所有権に基づく妨害排除請求権の不行使に関する判例として、最判平成一三・一二・一三民集五五巻七号一五〇〇頁（六価クロム鉱さい事件上告審判決）が、民間事業者によって都有地に埋設された六価クロム鉱さいの処理槽につき、知事が事業者に対して収去請求をしないことが財産の管理を怠る事実に当たるとして、三号請求訴訟の提起可能性を認めている（ただし当該訴訟については、出訴期間（同二四二条の二第二項）徒過のため却下）。さらに裁判例では、大阪地判平成一六・一・二〇判例自治二六七号一〇二頁が、財産区の土地に対して私人の個人名義でなされた所有権保存登記につき、財産区管理者たる市長が抹消登記手続きなどの措置をとらないことに関する三号請求訴訟において、怠る事実の違法確認請求を認容した。一方、「地上権、地役権、鉱業権その他これらに準ずる権利」（同二三八条一項四号）の範囲をめぐって、最判平成二・一〇・二五判時一三六七号九頁は、道路法施行法五条一項により国から使用貸借されたものとみなされた市道敷地の不法占有を市長が放置していることに関する三号請求訴訟において、「その他これらに準ずる権利」とは用益物権または用益物権的性格を有する権利に限定されるとの解釈に基づき、当該敷地の使用権はこれに当たらず、よって財産の管理を怠る事実の対象には含まれないとして訴えを不適法とした原審（東京高判平成二・四・二五行集四一巻四号八八二頁）の判断を維持した。しかし、判例によるこうした厳格解釈の合理性に対しては、学説からの批判が根強い[8]。また裁判例では、静岡地判昭和四九・五・三〇民集三六巻六号一〇二二頁（田子の浦ヘドロ事件一審判決）が、県知事が港湾への工場廃水の流入を停止させないことに関する三号請求訴訟において、港湾それ自体に財産的価値はなく、港湾としての機能に経済的効用が認められるにすぎないため、県の財産に当たらないとして訴えを却下している。

さらに公有財産のうち道路・公園などの**行政財産**（自治二三八条三項・四項）をめぐって、裁判例は、管理作用の性質という観点から、公用または公共の用に供するための機能を維持する公物管理と財産的価値を維持・保存する財産管理とを区別し、三号請求訴訟の対象を後者に絞る傾向にあるとされる。[9] 例えば、東京地判昭和五四・一二・二〇行集三〇巻一二号二〇四七頁は、市道敷地（一部が市有地）と私有地との境界線上に設置されたフェンスの除去を市長が放置していることに関する三号請求訴訟につき、その不作為により市道の効率的運用が妨げられているとしても、もっぱら道路行政上の管理の問題であって、財産の管理を怠る事実には当たらないと解して、訴えを却下した。これに対して学説は、両者の区別の現実的困難性を前提に、管理作用の態様に即して三号請求訴訟の対象性を柔軟に判定すべきであり、とりわけ「行政財産の根底を覆すような」不作為については、公物管理の問題であろうと同訴訟の提起が認められると主張する。[10]

次に**債権**については、自治法二四〇条一項によって金銭給付目的に限定されており、判例では、いずれも二〇〇二年改正前の同法二四二条の二第一項四号に基づく代位請求訴訟（以下、「旧四号請求訴訟」とする）の事案ではあるが、まず、田子の浦ヘドロ事件の上告審判決たる最判昭和五七・七・一三民集三六巻六号九七〇頁が、自治体の保有する損害賠償請求権一般が二四〇条一項の債権に当たり、その不行使は財産の管理を怠る事実に当たると解している。さらに、最判平成一六・四・二三民集五八巻四号八九二頁（はみ出し自販機事件上告審判決）は、道路敷地が不法占有された場合、その道路管理者たる自治体は、占有者に対して道路法に基づく占用料に相当する額の「損害賠償請求権又は不当利得返還請求権」を取得するとした上で、都道に自販機をはみ出して設置する商品製造業者に対して知事がこうした権利を行使していないという事案で、本案審理を行っていることから、不当利得返還請求権の不行使についても、田子の浦ヘドロ事件上告審判決と同様の論理により、財産の管理を怠る事実に当たるものと解していると考えられる。[11] 三号請求訴訟に関する裁判例では、東京高判昭和六二・四・九行集三八巻四・五号三六〇頁が、都道の不法占有により生じる占用料相当の損害賠償請求権が債権に当たるとして、帝都高速度交通営団による地下鉄敷設工事を目的とする占有をめぐり、知事に対する三号請求訴訟の提起を適法とした（ただし当該事案では占有の不法行為性が阻却され、損害賠償請求権が生じないとして請求棄却）。また、はみ出し自販機事件の一審判決（東京地判平成七・七・二六民集五八巻四号九一五頁）・控訴審判決（東京高判平成一二・三・三一民集五八巻四号九三五頁）は、前述の旧四号請求訴訟と併せて提起された、「都道上に設置された自動販売機について」の、知事による損害賠償請求権または不当利得返還請求権の不行使に関する三号請求訴訟において、該当する自販機および発生する債権の範囲などにつき請求の特定を欠くとして訴えを却下したことからすれば、不当利得返還請求権の不行使も含めて、同訴訟の提起可能性を認めるものと解されよう。[12]

以上の整理から分かるように、これまで実に多様な怠る事実をめぐって、違法確認訴訟としての三号請求訴訟の利用が認められてきたが、住民訴訟全体における提訴件数というマクロな視点からみると、その位置づけは相当低いというのが実情である。二〇〇二年改正以前では、財団法人自治総合センター「行政監視のあり方に関する調査研究中間報告書」（二〇〇一年三月）における「住民訴訟に関する調査の結果（抜粋）」[13]によれば、**（表1）**の通り、一九九四〜一九九九年度の五年間における住民訴訟の提訴件数の約七割強を旧四号請求訴訟が占めており、これに対して三号請求訴訟は約一割にとどまる。また、同改正により、自治法二四二条の二第一項四号に基づく住民訴訟（以下、「現四号請求訴訟」とする）が執行機関等に対する義務付け訴訟に変更された後も、全国市長会「都市における訴訟の係属状況に関する調査結果の概要（平成一九年度）」（二〇〇九年四月八日）によれば、特別区を含む全国八〇六

表1　住民訴訟類型別の提訴件数・構成比

訴訟類型	一号請求	二号請求	三号請求	四号請求	合計
訴訟件数	152	66	131	984	1333
構成比（%）	11.4	5.0	9.8	73.8	

（出典）財団法人自治総合センター「行政監視のあり方に関する調査研究中間報告書」（2001年3月）所収の「住民訴訟に関する調査の結果（抜粋）」1③「訴訟類型における分類」上のデータを基に作成。

市を対象とした調査の結果、二〇〇八年三月三一日時点で係争中の住民訴訟四四〇件中、四号請求が三四六件（現四号請求訴訟三三六件および旧四号請求訴訟一〇件）で全体の七八・六%を占めている[14]。前者のデータとは統計の取り方自体が異なり、しかも一～三号請求の内訳は調査されていないため、単純な比較はできないが、少なくとも三号請求訴訟の構成比については、改正後もそう大きく変わっていないのではないかと推察される。

しかし、その一方で、先に整理した運用動向をみると、特に近年、三号請求訴訟に独自の意義を見出す判決が現れてきている。裁判例では、a）のうち固定資産税の賦課徴収を怠る事実をめぐる前掲東京高判平成一一・九・二一は、旧四号請求訴訟との併合提起の事案であったが、損害賠償請求権の代位請求に関しては、町が負担すべき当該土地の賃料につき固定資産税相当額を含めた額に設定することで所有者との間で事実上の合意が成立していたことから、損益相殺により損害なしとして棄却した。にもかかわらず、前述の通り三号請求の方は認容したのであるが、その理由として、「その訴訟形態からして、法規適合性の確保という点に大きな重点がある」ことを挙げていた。また判例においても、六価クロム鉱さい事件において、b）の財産の管理を怠る事実に関する三号請求訴訟と旧四号請求訴訟の併合提起につき、後者により、自治体が行使すべき請求権をその相手方に対して代位行使することが可能なことから、三号請求訴訟の適法性をめぐって不適法説を採る一審判決（東京地判平成八・八・

二七民集五五巻七号一五二四頁）と適法説を採る控訴審判決（東京高判平成一〇・二・一八民集五五巻七号一五三九頁）との間で判断が対立していたが、前掲の上告審判決は、両請求の「効果の相違」を根拠の一つとして、三号請求訴訟が旧四号請求訴訟に対して補充的なものとは解せないと結論づけた。ここで判例として示された理解は、学説から、現四号請求訴訟との関係において一層当てはまるものと受け止められている。[15]

こうして判例上認められるに至った三号請求訴訟の固有性、とりわけ前掲東京高判平成一一・九・二一が着目した、怠る事実に対する「法規適合性の確保」という機能は、先回りしていえば、二以降で検討する新たな課題への対応という点でも極めて重要な意味をもつこととなるのである。

二　政教分離訴訟としての三号請求訴訟における課題

以上のような三号請求訴訟の現状にあって、近年、その運用をめぐって新たな課題を提示し、学説による解釈的対応の展開を促したのが、政教分離訴訟としての空知太神社事件であった。[16]

1　空知太神社事件の概要

北海道砂川市は、一九七〇年から、その所有する土地を空知太連合町内会に無償で提供していた。連合町内会は、当該土地上において、空知太町民会館を建て、会館の一角に空知太神社の祠を設置し、会館の外壁に「神社」との表示を設けるとともに、鳥居および地神宮も設置していた。これらの神社施設は、連合町内会に包摂される氏子集団によって管理・運営されており、そこで毎年三回の祭事が行われてきた。これに対して、市の住民は、二〇〇三年一二月に住民監査請求を行ったが、請求に理由なしとの監査結果を受けたため、これを不服として、市長が連合町内会に対して敷地の使用貸借契約の解除、施設の撤去および土地明渡請求を怠る事実につき、三号請求訴訟を提起した。

一審判決（札幌地判平成一八・三・三民集六四巻一号八九頁）は、神社施設の宗教施設性を認め、その維持を目的とした土地の無償提供が憲法二〇条三項・八九条に違反すると判断した上で、その違憲性は神社施設を収去することで解消可能であるとして、原告の請求のうち収去請求のみにつき、怠る事実の違法確認請求を認容した。控訴審判決（札幌高判平成一九・六・二六民集六四巻一号一一九頁）も、違憲性の根拠について、同二〇条三項に違反するとともに、同一項後段・八九条に規定する政教分離原則の精神に反すると整理し直した上で、一審の判断を維持した。

これに対して、上告審判決（最大判平成二二・一・二〇民集六四巻一号一頁）の多数意見は、神社が宗教的施設である点に加え、氏子集団の「宗教上の組織若しくは団体」への該当性をも認めることで、憲法二〇条三項を援用せず、専ら同八九条・二〇条一項後段に依拠して違憲と判断しつつも、「職権による検討」という表題の下に次の通り判示して、原判決を破棄し、原審に差し戻した。

【判旨】

本件利用提供行為「を違憲とする理由は、判示のような施設の下に一定の行事を行っている本件氏子集団に対し、長期にわたって無償で土地を提供していることによるものであって、このような違憲状態の解消には、神社施設を撤去し土地を明け渡す以外にも適切な手段があり得るというべきである。例えば、戦前に国公有に帰した多くの社寺境内地について戦後に行われた処分等と同様に、本件土地……の全部又は一部を譲与し、有償で譲渡し、又は適正な時価で貸し付ける等の方法によっても上記の違憲性を解消することができる。そして、上告人には、本件各土地、本件建物及び本件神社物件の現況、違憲性を解消するための措置が利用者に与える影響、関係者の意向、実行の難易等、諸般の事情を考慮に入れて、相当と認められる方法を選択する裁量権があると解される。本件利用提供行為に至った事情は、それが違憲であることを否定するような事情として評価することまではできないとしても、解消手段の選択においては十分に考慮されるべきであろう。本件利用提供行為が開始された経緯や本件氏子集団による本件神社物件を利用した祭事がごく平穏な態様で行われてきていること等を考慮すると、上告人において直接的な手段に訴えて直ちに本件神社物件を撤去させるべきものとすることは、神社敷地として使用することを前提に土地を借り受けている本件町内会の信頼を害するのみならず、地域住民らによって守り伝えられてきた宗教的活動を著しく困難なものにし、氏子集団の構成員の信教の自由に重大な不利益を及ぼすものとなることは自明であるといわざるを得ない。さらに、上記の他の手段のうちには、市議会の議決を要件とするものなども含まれているが、そのような議決が適法に得られる見込みの有無も考慮する必要がある。これらの事情に照らし、上告人において他に選択することのできる合理的で現実的な手段が存在する場合には、上告人が本件神社物件の撤去及び土地明渡請求という手段を講じていないことは、財産管理上直ちに違法との評価を受けるものではない。すなわち、それが違法とされるのは、上記のような他の手段の存在を考慮しても、なお上告人において上記撤去及び土地明渡請求をしないことが上告人の財産管理上の裁量権を逸脱又は濫用するものと評価される場合に限られるものと解するのが相当である。」

「そうすると、原審が上告人において本件神社物件の撤去及び土地明渡請求をすることを怠る事実を違法と判断する以上は、原審において、本件利用提供行為の違憲性を解消するための他の合理的で現実的な手段が存在するか否かについて適切に審理判断するか、当事者に対して釈明権を行使する必要があったというべきである。原審が、この点につき何ら審理判断せず、上記釈明権を行使することもないまま、上記の怠る事実を違法と判断したことには、怠る事実の適否に関する審理を尽くさなかった結果、法令の解釈適用を誤ったか、釈明権の行使を怠った違法があるものというほかない。」

その後、市長は、氏子集団および連合町内会との協議に基づき、違憲状態の解消のために次の手段を採る方針を策定し、差戻控訴審の口頭弁論においてこれを表明した。

（ア）会館の神社表示の撤去
（イ）地神宮からの「地神宮」の文字の削除・「開拓記念碑」等の文字への掘り直し
（ウ）鳥居付近への祠の移設
（エ）適正な賃料（年額三万五〇〇〇円程度）による氏子総代長への鳥居・祠の敷地の賃貸
（オ）エの敷地の範囲につき、ロープを張る等による外見上の明確化

これを受けて、差戻控訴審判決（札幌高判平成二二・一二・六民集六六巻二号七〇二頁）は、市長の表明した方針内容が合理的かつ現実的な手段であると認めて、怠る事実の違法確認請求を棄却し、差戻上告審判決（最判平成二四・二・一六民集六六巻二号六七三頁）も、これを維持した。

2　請求の特定をめぐるディレンマという課題

この事件を通じて初めて正面から顕在化したのが、一b）で扱った財産の管理を怠る事実の違法確認訴訟における、請求の特定をめぐるディレンマである。すなわち、実務解釈によれば、公有財産とりわけ不動産の管理を対象として三号請求訴訟を提起するにあたっては、「その管理態様が多様であり得る

ことから、当該不動産を特定するだけでは作為義務を特定することができず」、「被告において作為義務の内容を識別でき、裁判所においてもその違法性を判断し得る程度の特定が必要である」とされる[17]。その結果、原告が作為義務の内容を十分特定できなければ、同訴訟は不適法として却下されることとなる[18]。

しかし、そうして執行機関等が行うべき管理行為を具体的に特定すればするほど、前提となる管理態様の多様性ゆえ、逆にそれ以外の行為を選択する余地が広がっていく。その結果、原告によって特定された管理行為を行わなくとも、他の行為によって代替可能な場合には、前者の不作為は執行機関等の選択裁量の範囲内として正当化され、怠る事実の違法確認請求が棄却されるリスクが高まることとなる。

上告審判決の多数意見は、一審判決・控訴審判決と同様に、連合町内会への市有地の無償提供を違憲と判断した。だとすれば、自己の財産をめぐるこうした違憲性を解消するために、市長に何らかの管理行為を行う義務があるという点は否定できず、裁量が認められるとしても、あくまでその解消手段としていかなる管理行為を行うかというレヴェルの選択に限られよう[19]。しかし、市長は、怠る事実の基準時とされる原審の口頭弁論終結時[20]までに、違憲性解消のための管理行為を何ら行っていなかった[21]。

にもかかわらず多数意見は、三号請求訴訟では、原告により特定された財産管理行為の懈怠が違法であるか否かが確認の対象となるという前述の図式に従い、【判旨】にある通り、違憲性解消手段として特定された行為以外にも多様な管理行為が考えられ[22]、市長には、本件利用提供行為の経緯や氏子集団による利用への影響を含め、諸般の事情の考慮に基づく選択裁量が認められることを根拠として、「他の合理的で現実的な手段」が存在する場合には、それを考慮してもなお、原告の特定した行為を行わないことが裁量権の踰越・濫用に当たる場合に限り違法になると判断した。そして、原審は代替手段の存否に関する審理を十分尽くしていなかったと結論づけて、審理を差し戻したのである。田原裁判官補足意見も、「怠る事実の違法性を解消する……種々な方法があって、どの方法を採用するかは行政機関の裁量に委ねられている場合」には、「抽象的に『財産の管理を怠る事実が違法である』との確認請求は認められず、原告は『違法な怠る事実』を具体的に特定することが必要である」と述べ、請求の特定性の要請に対する最高裁の忠実な姿勢を顕わにしている。

もっとも多数意見も、違憲性解消をめぐる前述のような市長の「絶対的不作為[23]」について、選択裁量の名の下に漫然と追認しようとしていたわけではなく、代替手段につき、合理性に加えて現実性をも要求することで、その選択の範囲に限定をかけている。しかし、そこでの現実性とは、あくまで当該手段の実現可能性の高さを意味するにとどまり、それが実際に行われていることまでを求めるものではない。現にその後の差戻上告審判決でも、最高裁は、市長の表明した有償貸付けという代替手段につき、原告が作為義務の対象として特定した契約解除・施設撤去・土地明渡請求と比べて、「確実に実施が可能なものということができ、その現実性を優に肯定することができる」（傍点は引用者による）と判断した上で、怠る事実の違法性を否定しているのである。

結局、差戻控訴審の口頭弁論終結時点においても、代替手段として市長の提案した管理行為の中で実現されていたのは神社表示の撤去にとどまり、依然として土地の無償貸与の違憲性を解消するには至っていなかったにもかかわらず、こうした「絶対的不作為」の違法性そのものは、怠る事実の違法確認の対象から排除されたまま、原告住民の敗訴により訴訟終了となったのである。

3　学説による課題への解釈的対応

このように上告審判決の多数意見が違憲性解消手段の選択をめぐって審理を差し戻したことに対し、学説の中には、もっぱら合目的性判断が要請されるこうした選択を裁判外の過程に委ねることなく、三号請求訴訟の判決手続きをそのための「フォーラム」として利用するものと評価する見解[24]もみられるが、むしろ政教分離違反を理由とした財産の管理を怠る事実の違法確認訴訟では、請求の特定性を緩和し、違憲性を解消するために何らかの財産管理行為を行わないという程度で足りると解すべきとの立場が多数を占めるに至っている[25]。これは、行政訴訟において、義務付け訴訟の対象となる「一定の処分」（行訴三条六項）をめぐって抽象的義務付けを認める見解が有力に展開され、また同じ住民訴訟においても、当該行為の差止請求（自治二四二条の二第一項一号）の事案ではあるが、訴訟要件の存否および当該行為の適否「について判断することが可能な程度に、その対象となる行為の範囲等が特定されていること…をもって足りる」と判示した最判平成五・九・七民集四七巻七号四七五五頁（織田が浜事件）をリーディングケースに、包括的差止請求が認められてきたことを受けて、同様の考え方を三号請求訴訟に取り入れたものと位置づけられる[26]。

こうした請求の特定性の緩和という解釈を採用すれば、空知太神社事件のような事案においても、違憲性解消をめぐる自治体の「絶対的不作為」そのものを怠る事実と捉えて、その違法性を判決により確認することができる。その結果、三号請求訴訟において請求の特定の要請がもたらす前述のディレンマが克服されることとなるのである。

問題は、政教分離違反を三号請求訴訟で争う場合に、請求の特定性を緩和すべきとする実質的根拠であるが、その点については、住民訴訟の対象となる「財務会計行為」につき、争われる違法の性質という観点から分析した学説によって、次のような理論的説明がなされている。すなわち、住民訴訟における違法には、「地方公共団体の組織の財産を保護することそれ自体を目的とする法規範」である「狭義の財務会計法規」違反に加えて、憲法八九条を典型とする、「地方公共団体の財産の処分あるいは地方公共団体への財産の分配を直接の対象・主題とする決定を行う際に、社会全体に生じる利益・不利益を適正に考慮することを要請する法規範」である「広義の財務会計法規」への違反が含まれる[27]。「狭義の財務会計法規」が、財産管理権限ないし処分決定権限を有する者として特定された機関・職員による「特定された財務会計行為」を規律するのに対して、「広義の財務会計法規」は、「特定された財務会計行為を包含する、より包括的に捉えられた財務会計行為」を規律する[28]。それゆえ、「広義の財務会計法規」違反を争う住民訴訟においては、こうした「包括的な財務会計行為」を基準として請求の特定性を考えればよいということになる[29]。もっとも、被告を決定する際には、こうした三号請求訴訟においても、「包括的な財務会計行為」が包含する「特定された財務会計行為」が基準となるため[30]、後者の各行為の担当職員を被告とする必要がある事案においては、何らかの調整が必要となろう。

もっとも、こうした緩和がなされたからといって、裁判所が、違憲性を解消するための何らかの管理行為を行うことを違法に懈怠したという点を確認するだけで、具体的な管理行為のあり方をあげて裁判外の過程に委ねてしまえば、違憲性解消手段としての適格性という規範適合性判断までもが判決手続きの中で行われないことになる。それは、司法の本来的責務の放棄を意味する。また、裁判所による実効的救済の観点からしても、裁判外で執行機関等が違憲性解消手段として不適格な管理行為を選択すれば、住民訴訟が再度提起されることとなって、紛争の抜本的解決につながらないおそれがある。よって、三号請求訴訟において怠る事実の特定性の緩和を認める場合にも、解消手段としての適格性については、憲法に基づく一定の規範適合的な判断が要請されよう。具体的には、判決手続きの中で憲法上適格性を有する管理行為の範囲を枠付けることが考えられるが、それを実現するための法的仕組みは、三号請求訴訟において既に用意されている。それが、自治法二四二条の二第一一項に基づき請求認容判決について準用される拘束力（行訴三三条一項）である。[31] すなわち、違憲性解消のために何らかの管理行為を行う義務の懈怠の違法性を確認する判決の理由中に、審理を通じて明らかにされた、解消手段として適格な管理行為の範囲を示すことにより、判決確定に伴う効力として、被告はもちろん、「その他の関係行政庁」（同項）に対しても、その趣旨に沿った形で管理行為を選択し、実施するよう実体的に義務づけることができるのである。

判決理由中での枠付け方としては、まず、管理行為の類型ごとに規範適合性をチェックするという形で積極的に範囲を限定する方法と、逆に憲法上排斥されるべき管理行為を特定することで消極的に範囲を画定する方法が挙げられる。また、総合考慮が必要なため、類型化が困難な事案については、行政裁量の審査方式として近年発達してきた判断過程審査方式を参考にして、執行機関等による選択裁量の行使にあたって、憲法上の観点からの考慮要素や、逆に考慮すべきでない要素をピックアップし、さらには各考慮要素の重みづけを行うことで、裁判外での選択過程を間接的に方向づけることも考えられよう。

三　他の分野の三号請求訴訟における応用可能性

以上のように、政教分離訴訟の分野において財産の管理を怠る事実を争う三号請求訴訟が新たに直面した、請求の特定をめぐるディレンマという課題に対しては、多数説の唱える特定性の緩和という解釈的対応を採用することで、不作為の違法確認という訴訟形態をとる同訴訟が本来果たすべき、自治体における財産管理の懈怠そのものの規範適合性判断という機能を実質的に保障することができる。さらに、違法確認判決後に裁判外で執行機関等により行われる、違法性解消に向けた財産管理行為の選択過程に対しても、この判決に認められた拘束力を通じて、裁量統制が十分に及ぼされることとなるのである。

さて、こうした解釈にとって理論的基盤をもたらす「広義の財務会計法規」には、憲法八九条以外にも、論者によれば、自治法の定める経費の必要性（二三二条一項）や「寄附又は補助」[32]の公益上の必要性（二三二条の二）、地方財政法の定める経費の必要最少性（経済性原則・四条一項）や国・自治体間または自治体相互の費用負担区分（二八条の二など）といった規定が含まれるとされる[33]。そこで将来的には、不動産を始めとする公有財産の管理の懈怠をめぐり、こうした規範への適合性が問題となった場合にも、この手法を応用し、三号請求訴訟によって実効的な財政統制を図ることが考えられよう。例えば経済性原則との関係[34]では、特定の私人に普通財産たる土地や建物を無償貸与していることに対して三号請求訴訟を提起するにあたり、怠る事実の対象となる財産管理行為として、使用貸借契約の無効に基づく原状回復請求以外にも、適正な額の賃料による有償貸付けへの切り替え、さらに経済状況によっては、とりわけ維持費の嵩む建物のような場合（いわゆる負の遺産）、自治体財政の維持という観点から、より効率的な対策として有償譲渡すら想定されうる（もちろん自治法二三七条二項の制約の下においてではあるが）。こうした事案においても、請求の特定性を緩和することで、執行機関等に対して、何らかの管理行為の懈怠が同原則に反して違法であることを確認判決によって明確にしつつ、経費の必要最少性の達成に向け、判決理由中において設定された具体的枠付けの中で、柔軟な対応を促していくことが可能となろう。

さらに、この論者によれば、公有財産の不法占有に対する妨害排除請求権の行使は、財産保護自体を目的とする「狭義の財務会計法規」に関わるものと位置づけられることになるが[35]、例えば六価クロム鉱さい事件のような有害物質の埋立てによる土壌汚染をめぐっては、当該物質を収去するとかえって汚染が拡散したり、有毒ガスなどの新たな環境被害を発生させたりするといった事情のために、その土地に埋めたまま、当該物質の化学的処理や覆土などによる封じ込めを行うといった代替手段との間で選択を迫られる場合も想定されうる。このように環境保護という異なった観点が加わることで財産管理の態様が技術的に多様化せざるをえない局面においても、三号請求訴訟により自治体側の徒な対応の先延ばしを法的に阻止できる点で、特定性の緩和という手法は裁判所による救済の実効性を一層向上させるものと考えられる。

こうしてみると、三号請求訴訟は、住民訴訟というマクロな視点からみれば、とりわけ発達の目覚ましい現四号請求訴訟と比べ、依然としてマイナーな地位にとどまるものの、怠る事実に対する「法規適合性の確保」に特化した独自の訴訟形式として、なお未開拓の発展可能性を秘めたものであると結論づけられよう。

(1) 本誌への寄稿の発端となった二〇一四年日本地方自治学会研究会における報告は、「三号請求訴訟の新たな可能性―政教分離訴訟としての活用をめぐる批判的検討―」と題するものであったが、当日は準備不足のため、もっぱら副題のテーマに関する拙稿「政教分離訴訟としての三号住民訴訟の現状と可能性」愛知学院大学宗教法制研究所紀要五四巻(二〇一四年)一頁以下所収の主要部分の要約をベースに、最後に他の分野の三号請求訴訟への応用可能性につき若干の指摘を加えるにとどまった。そこで、今回の掲載に当たり、年報委員会の御了解をいただき、新たに三号請求訴訟全体の運用状況に関する一章を加え、終章では応用可能性の分析をさらに敷衍する一方で、拙稿に依拠した部分は、この一般論との関係で必要となる箇所に限定し再構成した形にまとめることとした。それに伴い、副題も表題の通り、その趣旨に沿った方向へと修正した。

（2）拙稿・前掲注（1）三頁。

（3）前者の立場として、関哲夫『住民訴訟論〔新版〕』（勁草書房、一九九七年）五五～五六頁。後者の立場として、佐藤英善『住民訴訟』（学陽書房、一九八六年）二二一～二二三頁〔岡田正則〕。

（4）関・前掲注（3）五六頁。

（5）道路占用料条例上の過料に関しても、徳島地裁が同日に同旨の判決を行っている（判例自治八一号四〇頁）。

（6）碓井光明『要説住民訴訟と自治体財務〔改訂版〕』（学陽書房、二〇〇二年）一〇一頁。

（7）園部逸夫監修『実務・自治体財務の焦点④ 住民訴訟』（ぎょうせい、一九八九年）一六四頁〔西鳥羽和明〕。

（8）碓井・前掲注（6）八九～九〇頁およびそこに挙げられた文献参照。

（9）園部逸夫編『最新地方自治法講座④ 住民訴訟』（ぎょうせい、二〇〇二年）二二五頁・二二八頁〔佐藤英善〕。

（10）園部編・前掲注（9）二二九～二三〇頁〔佐藤〕。さらに、芝池義一「住民訴訟の対象」佐藤幸治・清永敬次編『憲法裁判と行政訴訟』（有斐閣、一九九九年）六一八頁注三一は、当該行為としての財産の管理を含め、「公物管理のような公行政活動においても財産管理の面で看過しがたい不合理があれば違法として住民訴訟の対象とすべき」との法理を提示する（怠る事実との関係では、同六一〇～六一一頁参照）。

（11）後掲の一審判決ではこの点が明示されており、それとの対比で、最高裁の曖昧さを批判する見解として、田中治「判批」民商一三一巻三号（二〇〇四年）四六二～四六三頁。

（12）この請求に関する上告が上告受理決定において排除されたため、上告審での審査対象とはならなかった。

(13) 地方自治制度研究会編『改正住民訴訟制度逐条解説』(ぎょうせい、二〇〇二年) 一二二頁以下所収。

(14) http://www.mayors.or.jp/p_opinion/o_tyousakekka/2009/04/19soshou-index.php (二〇一五年九月二〇日アクセス)。なお、この調査資料については、企画委員である田村達久会員より御教示いただいた。

(15) 大田直史「住民訴訟四号請求の諸問題」『現代行政法講座Ⅳ 自治体争訟・情報公開争訟』(日本評論社、二〇一四年) 九二～九三頁。

(16) 本章は、事件の概要を除き、拙稿・前掲注 (1) 一五～一九頁および二六～二八頁の記述を本稿の趣旨に沿う形で再構成し、必要な加筆修正を行ったものである。

(17) 西川知一郎編『行政関係訴訟』(青林書院、二〇〇九年) 二八四～二八五頁〔釜村健太〕。一方、管理の対象が債権の場合には、他の債権から区別できる程度に特定されれば足りるとされる (同二八四頁)。

(18) なお、ここでいう請求の特定とは、あくまで訴訟上の請求としての特定であって、本誌掲載の小澤久仁男論文が取り扱う住民監査請求のそれとは異なる点に注意されたい。

(19) 飯田稔「判批」亜大四五巻一号 (二〇一〇年) 一七五頁、藤原淳一郎「住民訴訟の審理に関する一考察」法研八四巻二号 (二〇一一年) 五四八頁。

(20) 拙稿・前掲注 (1) 三頁。

(21) これに対して、空知太神社事件と同じく砂川市長を被告とした三号請求訴訟につき、前者と同日に上告審判決 (最大判平成二二・一・二〇民集六四巻一号一二八頁) が出された富平神社事件においては、町内会に無償で管理委託された市有地に神社施設が設置されていた事案で、市は、事件前になされた住民監査請求の結果に付された意見をふまえて、この土地を町内会に譲与 (無償譲渡) していた。三号請求訴訟では、この譲与の違憲無効を前提とした抹消登記手続請求を怠る事実の違法性が争われたが、合憲として原告の上告が棄却され確定している (同事件の詳しい経緯については、拙稿・前掲注 (1) 一一～一二頁参照)。

(22) 原告の求める契約解除請求や、多数意見が挙げる譲与・有償譲渡・有償貸付けをめぐっては、一b) で指摘した、管理作用の消極的性格や実務における自治法上の財産をめぐる諸概念に対する厳格解釈との間で齟齬を来しかねないが、その点に関する検討として、拙稿・前掲注（1）二〇～二一頁参照。

（23）飯田・前掲注（19）一七五頁。

（24）蟻川恒正「実体法と手続法の間」法時八二巻一一号（二〇一〇年）八六頁以下。この見解に対しては、拙稿・前掲注（1）二一～二五頁において批判的検討を行ったので、そちらを参照されたい。ただ、念のため一言付け加えるならば、「批判的」といっても、実体法規範に基づき観念的に確定した権利・法律関係の実現を目指す「救済」法という観点に立った立論自体の意義を否定するものでは全くなく、あくまで空知太神社事件のような事案における三号請求訴訟という限られた局面では、論者自身も認めるように、なお裁判所の責務として規範適合性判断を果たすべき余地が残されているのではないかという問題関心から、当該訴訟形式のもつ特徴に即して分析を加えたにすぎない。

（25）同判決の評釈として、飯田・前掲注（19）一七五頁、藤原・前掲注（19）五二五頁、中込秀樹「判批」自治体法務研究二二号（二〇一〇年）五八頁、山下竜一「判批」平成二二年度重判（ジュリ一四二〇号）（二〇一一年）六八頁、土田伸也「判批」地方自治判例百選〔第四版〕（二〇一三年）一七〇頁、差戻審上告審判決の評釈として、市川正人「判批」判時二一六六号（二〇一三年）一五二頁注一四。

（26）藤原・前掲注（19）五二五～五二六頁、山下・前掲注（25）同頁、土田・前掲注（25）同頁。

（27）南博方ほか編『条解行政事件訴訟法〔第四版〕』（弘文堂、二〇一四年）一六一頁〔山本隆司〕。一方、芝池義一「住民訴訟における違法性（上）」曹時五一巻六号（一九九九年）一四二九～一四三〇頁のように、住民訴訟における違法性判断規範が財務会計法規に限定されていないことを正面から認める立場からは、憲法八九条のような財政法規は「財務会計法規と公行政法規の混合的性質を持つもの」と評価される。

（28）南ほか編・前掲注（27）同頁〔山本〕。憲法八九条に違反する「包括的な財務会計行為」の例として、「ある地方公共団体がある地鎮祭のために財産を費消する行為」が挙げられている（同頁）。

(29) 南ほか編・前掲注(27)一九〇頁〔山本〕。なお、拙稿注(1)で依拠した旧版(第三版補正版、二〇〇九年)からの改訂に伴い、「怠る事実の特定に関しても同様にいえよう」として、空知太神社事件を例にとり、「違法状態……を是正する特定の手段……をとらないことを、怠る事実(怠る事実a)と構成するのみならず、違法状態を是正する手段を何ら取らないことを怠る事実(怠る事実A)とする三号請求も認めるべきではないか」と主張する記述が追加されている(同一九一〜一九二頁〔山本〕)。

(30) 南ほか編・前掲注(27)一六一頁〔山本〕。

(31) その準用関係については、拙稿・前掲注(1)三〜四頁参照。

(32) 当該行為としての財産の管理をめぐってではあるが、普通財産(自治二三八条三項・四項)の無償譲渡がこの「寄附又は補助」に含まれると解釈した判例として、最判平成二三・一・一四判時二一〇六号三三頁。

(33) 南ほか編・前掲注(27)一六六頁〔山本〕。

(34) 他の住民訴訟類型をめぐる分析ではあるが、田村達久「住民訴訟の展開」法時八二巻八号(二〇一〇年)三九〜四一頁は、財務会計行為をめぐる裁量統制基準としての活用可能性を指摘する。

(35) 南ほか編・前掲注(27)一六七頁〔山本〕。もっともそこでは、不法占有の対象が「公物・公共施設」とされており、一 b)で取り上げた学説同様、公物管理をも視野に入れた解釈となっている(同一六八頁)。

(すぎはら　たけし・行政法学)

Ⅲ　予算と市民参加

1　日本におけるコミュニティ予算制度の考察

鈴木　潔
（専修大学）

一　はじめに

近年、自治体内の各地区に一定の予算を配分し、その使途を住民が決定または提案できる仕組みを設ける自治体が増加している。本稿では、この仕組みを「コミュニティ予算制度」と呼び、その機能を検討する。

コミュニティ組織は「参加」と「協働」の両面によって成り立つ。したがって、「公共的意思決定への参加」の側面のみならず、「住民と行政の協働による公共サービスの提供」という側面からもコミュニティ予算制度の可能性と限界を明らかにする。

二　研究の目的と方法

まず、用語の定義として、「参加」を「政策の立案から実施および評価に至るまでの過程に主体的に参加し、意思決定に関わること」とし、「協働」を「地域社会の課題の解決を図るため、それぞれの自覚と責任の下に、その立場や特性を尊重し、協力して取り組むこと」とする（名和田二〇〇九a：九）。また、「コミュニティ組織」とは、おおむね小学校区単位から市町村合併以前の旧町村単位に設置された、コミュニティ予算の交付対象となる団体のことをいう。(1)

さて、日本におけるコミュニティ予算制度に関する先行研究では次のようなことが指摘されている。第一に、コミュニティ予算制度を「参加」のための仕組みとして捉えた場合には、いくつかの問題点がある。①同制度は「予算配分された財源の使途を市民参加で決める」ものであり、予算編成への参加ではなく予算執行への参加にとどまる仕組みであること（兼村、ララッタ二〇一一b：一〇八）、②コミュニティ組織の母体が地縁団体であるため一般住民の参加が限定的であること（松田二〇〇六：一六二、中谷二〇一三：一〇七―一〇八）、③予算のアウトプットに住民ニーズが的確に反映されたかどうか不明であること（松田二〇〇六：一六二―一六三、中谷二〇一三：一〇九）などである。予算編成過程に住民を参加させる住民参加予算（Citizen Participatory Budgeting）の意義は代表制民主主義を補完することにあるとし、そのためには「住民が『参加』して表す意思は、〝真の意志〟でなければならない」（兼村、洪二〇一二：二一）との観点からすると、②で指摘された点は特に重要な問題をはらんでいる。

第二に、コミュニティ予算制度を「協働」のための仕組みと考えた場合には、いくつかの可能性がある。①予算の使途をソフト事業に限定することにより、事業提案に至る協議の中で住民の意識改革やコミュニティの醸成を図ることが可能であること（鈴木二〇一二：一一九）、②同制度は予算の使途を決定する面では「参加」に貢献し、事業のための活動資金を提供する面では「協働」に寄与する仕組みであること（名和田二〇〇九b：六）。③長期的には住民の意識や行動を変化させて参加民主主義の基盤強化につながる可能性があること（松田二〇〇六：一六三、中谷二〇一三：一一〇）などである。

以上のように、参加と協働のいずれの機能を重視するかによって、その評価が変わってくるのがコミュニティ予算制度なのである。とはいえ、コミュニティ予算制度が参加の向上に全く貢献しないと指摘されているわけではないし、いついかなる場合にも協働を促進すると言われているわけでもない。そこで、この研究では、コミュニティ予算制度が参加と協働を促進する可能性と限界について考察することとしたい。

研究の方法としては複数のコミュニティ予算制度の事例研究を採用した。対象は花巻市、長野市、高浜市である(2)。この三市は、①比較的早い時期から制度を導入しており、その成果と課題が顕在化していると考えられること、②コミュニティ予算の総額及び一団体あたりの配分額が比較的多いこと、③制度は前市長時代に導入されているが新市長就任後も存続していることが共通している(3)。

各市のコミュニティ予算制度の特徴は次のとおりである。
①花巻市：道路の簡易舗装、ガードレール、街灯・防犯灯、側溝等のハード事業整備にも充てられる自由度の高い交付金が設けられていること。いわばハード事業中心型のコミュニティ予算制度である。
②長野市：市からコミュニティ組織に移譲された事業を処理するための交付金が大きな割合を占めていること。つまり移譲事業中心型のコミュニティ予算制度である。
③高浜市：地域独自のソフト事業を提案することにより交付される交付金が大きな割合を占めていること。これは提案事業中心型のコミュニティ予算制度である。
以下、各市の事例について、①制度を導入した背景・経緯、②制度の仕組みと特徴、③制度のアウトプット、④今後の課題という構成で検討していく。

表1　コミュニティ予算制度の比較

自治体名	愛知県高浜市		長野県長野市		岩手県花巻市
人口	46,274人		384,775人		100,015人
世帯数	18,069世帯		157,199世帯		36,444世帯
面積	13.02km²		834.85km²		908.32km²
コミュニティ予算制度名	地域内分権推進事業交付金（通称：移譲事業交付金）	市民予算枠事業交付金（地域内分権推進型）	地域いきいき運営交付金	地域やる気支援補助金	地域づくり交付金
支出根拠	要綱	要綱	要綱	要綱	要綱
施行日	2005年4月1日	2010年4月1日	2010年4月1日	2010年4月1日	2007年4月1日
支出先	まちづくり協議会	まちづくり協議会とその構成団体	住民自治協議会		コミュニティ会議
コミュニティ組織設置単位	小学校区		旧市町村		小学校区
コミュニティ組織数	5		32		27
支所	なし		27支所		3総合支所と27振興センター
支出方法	交付金	交付金	交付金	補助金	交付金
算定式	原則として、業者へ支出していた委託料と同額	自主事業加算額＋継続活動費（均等割＋世帯割）	固定費＋変動費＋人件費	対象経費の8/10で、上限100万円	均等割＋世帯割＋面積割
1地区当たりの支出金額	約88万円～614万円	約736万円～1,384万円	約357万円～2,303万円	最大100万円	約439万円～1,208万円
支出総額	約1,268万円	約4,554万円	約2億9,326万円	900万円	2億円
市一般会計決算額	約130億円		約1,552億円		約446億円
備考	人口・世帯数は2014年9月1日現在。 1地区当たりの支出金額及び支出総額は2013年度。 一般会計決算額は2013年度。		人口・世帯数は2014年9月1日現在。 1地区当たりの支出金額及び支出総額は2013年度。 一般会計決算額は2013年度。		人口・世帯数は2014年9月末現在。 1地区当たりの支出金額及び支出総額は2013年度。 一般会計決算額は2013年度。

（出典）筆者作成

三　ハード事業中心型のコミュニティ予算制度（花巻市）

1　花巻市の概要

花巻市は人口一〇万一五人（二〇一四年九月末現在）、面積九〇八・三二㎢、岩手県のほぼ中央部に位置している。二〇〇六年一月一日に旧花巻市、旧大迫町、旧石鳥谷町、旧東和町による新設合併が行われた。二〇一三年度一般会計決算の歳出総額は約四四六億円、同年度普通会計決算における財政力指数は〇・四三（単年度）、経常収支比率は八二・七％、実質公債費比率は一二・四％、将来負担比率は八一・〇％である。

2　制度を導入した背景・経緯

花巻市では大石満雄・前市長の掲げた「都市内分権＝地域に小さな市役所構想」に沿って、二〇〇七年四月から市内の小学校区単位を基本に二六（調査時点では二七）の振興センターが開設されるとともに、その地域ごとに住民による「コミュニティ会議（以下、会議という。）」が組織された。また、総額二億円の「地域づくり交付金（以下、交付金という。）」が創設され、地域課題を解決する目的であれば自由に使えるものとされた。ただし、二〇一四年二月に就任した上田東一市長は会議の役割の検証と、旧町単位に設置した総合支所の充実を指示している。

会議を小学校区単位に設定した理由は、ＰＴＡ、教育地域振興協議会などの各種団体が小学校区単位で構成されていたこと、旧花巻市では小学校区と地区公民館の単位が同じだったこと、明治の合併前の村の単位と重なることなどがあった。また、市町村合併前の旧市町の枠組にとらわれないまちづくりを進めたいという意図もあった。

二〇一〇年一二月には「花巻市コミュニティ地区条例」が制定され、会議の役割、地区ビジョンの策定、交付金の交付などが規定された。

二〇一一年度から振興センターの指定管理者として会議を指定し、各団体平均して約三〇〇万円の委託料を支払うこととした。振興センターには市職員一人と会議の事務職員一人の二人が常駐している。また、同年度から会議の活動を全庁的に支援するため、本庁と各総合支所に地域支援室を設置し、全体で五人の地域支援監が配置された。

3　制度の仕組みと特徴

交付金は各会議が「地域づくり交付金交付申請書」を提出することで交付される。申請書には事業計画書及び事業収支予算書も添付される。事業内容の公開審査は行われていない。各団体への交付金額の算定式は均等割＋世帯割＋面積割である。最も少ない会議で約四三九万円、最も多い会議で約一二〇八万円が交付されている。

花巻市の特徴は総額二億円という交付金の規模の大きさと使途の自由度の高さである。ソフト事業だけでなく、道路の簡易舗装などハード事業も認められている。また、総額は創設時から二億円で固定されているが、これには交付額の少ない会議でも一団体あたり四〇〇〜五〇〇万円は必要との判断があったようである。簡易舗装などハード事業整備が想定されたためである。ハード事業整備は市がするよりも「早く」「使いやすい」という目に見えるメリットがあると考えられた(4)。

会議の役員（会長、副会長、幹事等）は行政区長（非常勤特別職）、自治会長、各種団体の長、ＰＴ

Aなどから選任される。会議の意思決定は総会と役員会である。役員会には職員も出席している。総会は各行政区の代議員が出席する。一般の住民からすると会議は敷居が高く映るようである。また、会議と自治会の関係も途切れがちで、何をやっているかわかりにくいとの声もないわけではない。

4　制度のアウトプット

交付金の使途は、運営費（人件費＋事務費）一八・二％、ハード事業費四六・〇％、ソフト事業費三三・二％等となっている。ハード事業では、街路灯・防犯灯、簡易舗装、道路側溝の整備などが目立つ。交付金の導入によって、郷土芸能（神楽、獅子踊り）が復活したり、地域交流イベントの開催などでコミュニティを体感できたりする機会が増加した。また、住民意識の上でも、市役所ではなく会議が住民要望を受け付ける流れが少し出てきたようである。

しかし、交付金の自由度の高さの反面、「何に使えばよいかわからない」との意見が住民から聞かれたり、ハード事業整備に安易に使われていたりする面もあるそうである。その背景には、生涯学習などのソフト事業は実施しても住民から感謝されにくいという事情がある。苦労は大きいが住民の評価を適切に受けられないのである。一方でハード事業は住民にとって有難味があり、「側溝に蓋がついた、すごい」などと評価される。

5　今後の課題

第一に、予算のアウトプットを検討すると、必ずしも有効に活用されているとは言い切れない。地域課題の検討及び住民間での認識共有が十分ではないからである。ほぼ自動的に資金が交付されるので課題解決よりも予算消化を優先することになるのかもしれない。事業提案に基づき必要な資金が交付される仕組みではないこと、市の事業と地域の事業の分担が明確でないこと、ハード整備が可能なことの帰結ともいえる。

第二に、コミュニティの活性化効果も十分ではない。役員のなり手が不足している状態が続いている。コミュニティを活性化するためには、パトロール、声掛け、防災訓練、地域福祉などの地道な活動に積極的に取り組むことが重要であると考えられる。手作りのソフト事業は地域における人材育成に貢献するからである。また、コミュニティ会議と既存の地域団体の役割分担を見直し、事務を整理するなど役員の負担軽減策も組み合わせる必要があるのではないか。

花巻市では、自由度の高い交付金を用意し、コミュニティ会議という受け皿を作り、振興センターによる支援体制も整備したが、まだ改善の余地があると考えられる。例えば、①地域独自のソフト事業を活発化する制度設計、②総額二億円の算出根拠及び地域が担うべき事務の明確化が必要であろう。

四　移譲事業中心型のコミュニティ予算制度（長野市）

1　長野市の概要

長野市は人口三八万四七七五人（二〇一四年九月一日現在）、面積八三四・八五㎢、長野県北部に位置する県庁所在地である。一八九七年に市制が施行され、大正・昭和時代には周辺市町村との合併が進んだ。平成の合併では二〇〇五年一月一日に上水内郡豊野町、戸隠村、鬼無里村、更級郡大岡村を、二〇一〇年一月一日には上水内郡信州新町、中条村を編入した。

二〇一三年度一般会計決算の歳出総額は約一五五二億円、同年度普通会計決算における財政力指数は〇・六九（単年度）、経常収支比率は八四・九％、実質公債費比率は八・一％、将来負担比率は一九・九％である。

2　制度を導入した背景・経緯

長野市では現在、二つのコミュニティ予算制度が導入されている。「地域いきいき運営交付金（以下、交付金という。）」と「地域やる気支援補助金（以下、補助金という。）」である。[5] これらの源流は鷲澤正一・前市長が二〇〇二年度から着手してきた「都市内分権」にある。[6] 二〇〇六年一月には長野市都市内分権審議会から答申があり、①コミュニティ会議への分権（市内三〇地区に各種団体、住民等で構成する住民自治協議会（以下、協議会という。）を設置）、②市役所内での分権（支所へ地区活動担当を配置）が打ち出された。ただし、市長の諮問機関として協議会代表者で構成される地域会議を設置することについては、当面見送られることとなった。

この答申に基づいて「長野市都市内分権推進計画」（二〇〇六〜二〇〇九年度）が策定され、現在の交付金及び補助金の原型とも言える「住民自治組織設立支援補助金」及び「ずくだし支援事業交付金」が創設された。[7] そして、同計画を継続・発展するために策定された「第二期　長野市都市内分権推進計画」（二〇一〇〜二〇一四年度）において、協議会を財政支援する手段として交付金及び補助金が導入されることとなった。

なお、二〇一三年一一月に就任した加藤久雄市長も都市内分権制度を継続する方針である。

3　制度の仕組みと特徴

交付金は、地区が使途を決定することにより、協議会が行う自主的かつ自立的な取組を支援することを目的とする。二〇一三年度における三二地区の総額は約二億九三二六万円である。協議会の運営、活動などに充てるものであり、できるだけ使途を限定しない一括交付金とされている。当該年度交付金の三割以内で繰越も可能である。一団体あたりの交付額は最も少ない協議会で約三五七万円、最も多い協議会で約二三〇三万円である。[8] なお、簡易舗装、街灯・防犯灯等のハード事業整備には別の補助金が用意されている。

補助金は、協議会からの事業提案を受けて、公開選考の上で補助対象事業を決定する仕組みである。二〇一四年度の予算総額は九〇〇万円である。一地区一〇〇万円を上限とし、補助率は事業に要する費用のうち八／一〇以内とされている。公開選考委員会は審議会委員六名と地域振興部長で構成されており、毎年二月に開催される。

長野市の制度の特徴は、基本協定及び年度協定に基づいて市から協議会への事務の移譲と交付金額の決定が行われることにある。基本協定では市が協議会を支援すること、協議会が全市共通一律の事務（後述する必須事務のこと）を実施することが定められる。毎年更新される年度協定で交付金の額及び必須事務項目が規定される。

そもそも協議会は二〇一〇年度に、既存の団体（区長会連合会、交通安全推進委員会など九団体）及び委嘱制度（区長、交通安全推進委員など一〇制度）を廃止して、これを協議会の各部会に移行することで成立した組織である。多くの協議会の総務部会には旧区長会が吸収され、健康福祉部会には社会福祉協議会や日赤奉仕団が統合された。交付金は、これら廃止された団体への補助金等（行政連絡事務費交付金、区長会活動費交付金、地域公民館交付金等）をまとめて創出された。

既存団体の統廃合と併せて、これまで市役所の担当課が受け持ってきた既存団体の事務局機能も協議会に移された。さらには、市が既存団体に依頼していた従来の事務を、すべての協議会が処理すべき二二の必須事務（二〇一四年度は一九事務）と協議会が自ら必要性を判断できる三八の選択事務（二〇一四年度は三四事務）に整理した。

4　制度のアウトプット

協議会の全支出のうち割合が高い支出は、人件費及び人件費以外の事務局費三六・三％、部会費等活動費二九・二％、地区への交付金及び区への配分二五・七％等となっている（二〇一三年度の全地区平均）。また、部会費等活動費のうち高い割合を占める活動は、健康・福祉関係三四・一％、総務関係二一・八％、教育・文化関係二一・六％である。必須事務及び選択事務の内容からしてソフト事業が中心になっている。

協議会による事業提案に基づいて交付される補助金は、交付金と比較すると、創意工夫をこらした新たな事業が生まれやすいようである。紙幅の都合で詳述することはできないが、『長野市民新聞』の連載「住民自治協ＮＯＷ」によれば、各協議会では、地区振興計画の策定、伝統文化の継承、安全安心活動など多様な独自事業が実施されている。

5　今後の課題

第一に、予算のアウトプットを検討すると、部会等活動費は協議会による公共サービスの提供のための費用であるが、それと同じ程度に地区団体等への補助金が支出されている。この点について支出の妥当性を随時見直すことが必要と考えられる。二〇一〇年度に廃止された既存団体は旧町村レベルに置かれた連合団体であり、地区レベルの構成団体まで廃止するかどうかは各地区に委ねられた。地区レベルの団体を残した協議会は、移行期にはスムーズな事務執行がなされたようであるが、その反面、いわば既得権的な補助金が温存されてしまい、事業内容の固定化や効率性の低下を招いているケースもあるようである。

第二に、コミュニティの活性化については、役員の負担軽減を図ったにもかかわらず、役員のなり手がいないという問題が残っている。必須事務の「やらされ感」が強いのであろうか。義務感を解消するためには補助金を増額する方向性が考えられるが、補助金の総額を増やすことを求める声はあまりないという。実際に近年、申請団体数及び申請事業数ともに減少傾向にある。公開選考にも改善の余地があるかもしれない。

長野市では、必須事務及び選択事務を設定することで協議会と行政の役割分担を明確化した。交付金もそのための財源として位置付けられた。今後は、①地域独自のソフト事業を活発化するための予算制度の工夫や、②協議会と構成団体の連携による役員及び事務局の人材確保などが求められよう。

五　提案事業中心型のコミュニティ予算制度（高浜市）

1　高浜市の概要

高浜市は人口四六、二七四人（二〇一四年九月一日現在）、面積一三・〇二㎢、愛知県三河平野の南西部に位置する。旧碧海郡（碧南市・刈谷市・安城市・知立市・高浜市）を枠組とした法定合併協議会の設置が二〇〇二年に碧南市議会で否決されて以降（碧南市議会二〇〇八：二一七）、高浜市は単独自立の道を歩んできた。財政的には恵まれており、二〇一三年度一般会計決算の歳出総額は約一三〇億円、同年度普通会計決算における財政力指数は〇・九八（単年度）、経常収支比率は九一・一%、実質公債費比率は三・九%、将来負担比率はなしである。

2　制度を導入した背景・経緯

二〇〇二年当時、高浜市は不交付団体であったが、いわゆる団塊の世代の人口に占める割合が高く、将来的には急激な高齢化が予測された。「余力のある今だからこそ次の手が打てる」との森貞述・前市長の判断の下、「構造改革」の検討が開始される。改革のキーワードの一つが「住民力の強化」であり、その具体的方策として「地域内分権の推進」が提起された。その意味は、「地域でしか解決できないことや地域でとりくんだほうがよりよいサービスにつながるものは地域で行い、そのために必要な権限と財源を地域へ」移すというものである。

この方針に沿って、二〇〇五年度に市内最初の「まちづくり協議会」（以下、協議会という。）が港小学校区に設立された。このときに「地域内分権推進事業交付金（通称：移譲事業交付金）」（以下、移譲事業交付金という。）も始まる。二〇〇八年度には職員による「まちづくり協議会特派員制度」が開始され、二〇〇九年度には市内全小学校区に協議会が設立された。二〇〇九年に吉岡初浩市長が就任すると、個人市民税の五%を「市民予算枠事業」に充てるという方針に基づき、二〇一〇年度に「市民予算枠事業交付金（地域内分権推進型）」（以下、市民予算枠事業交付金という。）が導入された[9]。また、同年度に市民自治基本条例が可決され、二〇一四年度にはまちづくり協議会条例が制定されている。前市長と現市長がともに地域内分権ひいてはコミュニティ予算制度を推進していることは制度の安定性・継続性が確保される要因となっている。

3　制度の仕組みと特徴

協議会に対する資金的支援の仕組みとしては、①市民予算枠事業交付金、②移譲事業交付金、③委託事業費（公民館の指定管理等）がある。ここでは①及び②を紹介する。

まず、市民予算枠事業交付金は、地域計画に掲げた将来都市像・目標を踏まえて、地域の魅力や課題について、公共的な視点でより良くしていくための事業に充てるものである。交付金の決定に当たって特に審査などは行われないが、小学校区で合意を得ることが前提となる。合意の有無は協議会の理事会での議決及び議事録の提出等によって判断される。交付対象団体は協議会とその構成団体である。

二〇一三年度は総額で約四五五四万円（個人市民税の約一・七％相当）であり、最も配分が少ない校区で約七三六万円、最も多い校区で約一三八四万円であった。交付金の構成は、①自主事業加算額（実施事業に充てる資金。余った場合には精算）、②継続活動費（均等割）として五〇万円、③継続活動費（世帯割）として世帯数に応じ最少で一〇〇万円、最大で一五〇万円となっている。②と③は協議会の管理費に充てる資金であり繰越可能である。

なお、二〇一三年度提案分から「提案書作成の手引き」を市が作成し、備品（単価五万円以上で三年以上の耐久性があるもの）の購入やハード整備を対象外とするなど、交付金の算定基準の明確化が図られた。備品は「買って終わり」になりがちだからである。賄材料費も出来合いのものは不可で、カレーライスの材料のように調理の手を加えることによって住民相互の交流を深めるものだけが可となった。

ソフト事業を促す制度設計が強化されたといえよう。

次に、移譲事業交付金は、従来は市が実施していた事業のうち、地域で取り組んだほうがより良いサービスにつながるものについて、必要な権限と財源を行政から地域へ移すものである。二〇一三年度時点では、青パト防犯パトロール事業、総合防災訓練事業、健康体操事業など九事業がある。移譲事業を実施するか否かの判断は協議会の自主性に委ねられていることから、移譲事業数は協議会によって異なる(最も多い高浜南部まちづくり協議会で九事業、最も少ない高取まちづくり協議会で二事業)。交付対象団体は協議会に限られる。

二〇一三年度の総額は約一二六八万円(個人市民税の約〇・五%相当)であり、最も配分が少ない校区で約八八万円、最も多い校区で約六一四万円である。移譲事業が実施されることが前提とはなるが、この交付金の使途は自由であり、精算も行われない。また、重要なこととして、交付金の積算は、原則、業者等へ委託していた委託料と同額で算定されているため、行政の経費節減手段として用いられていない。

4 制度のアウトプット

市民予算枠事業交付金(地域内分権推進型)は二〇一三年度、五小学校区において、一三団体一四事業が実施された。具体的な事業の例としては次のようなものがある。港小学校区では「NPO法人高浜南部まちづくり協議会活動事業」(約五五三万円)が実施されており、その内容は、チャレンジドの自立支援、介護予防、子どもの健全育成、防災・防犯活動など計二五事業であった。ほぼすべての事業がソフト事業である。同協議会の役員によれば、「お金を使ってやるハードのまちづくりではなく、ソフトのまちづくりを目指している。手作りでやる、知恵を出してやる、いまある物を生かしてやる」ことが重要なのである。

移譲事業交付金については、例えば公園管理事業の場合には、従来はシルバー人材センターに委託しており、清掃回数など全市一律の仕様であった。ところが協議会に移譲すると、綺麗な状態であれば掃除をしないとか、夏の草や秋の落ち葉の時期に集中して掃除をするといった柔軟性が出てくる。また、参加者に支払う通常の謝礼六〇〇円の代わりにドリンクチケットを支給し、余った経費を別の事業に使うことも可能である。

高浜南部まちづくり協議会では、両交付金を活用しながら事業活動項目の幅を広げてきた。市民予算枠事業としてチャレンジド支援、生きがい、子どもの健全育成など、移譲事業として公園管理、健康体操など、委託事業として公民館管理などである。そうすることによって、地域の様々な人々の参加機会が増え、世代間交流が促進されるからである。例えば、老人会と子ども会の活動をクロスさせた「ふれあい福祉農園事業」(移譲事業)が実施されている。住民の満足感・納得感が高まってきているように感じられるそうである。

5 今後の課題

予算のアウトプットを検討すると、小学校区ごとに地域独自のソフト事業が展開されていることが窺える。高浜南部まちづくり協議会では「まち協の活動は福祉につながっている」と考えられている。「弱い立場の人を支えること、困っている人の居場所を提供することがまちづくりではないか」という。実際に同協議会の市民予算枠事業は地域福祉に関係するものが多い。地域福祉は地域独自のソフト事業の大きな柱の一つと言えるだろう。

同協議会では、コミュニティの活性化についても成果が上がってきているそうである。二〇〇五年度から一〇年間、活動を継続したことで、管理者が育ってきた。町内会役員の任期は一年程度であるが、それでは昨年の反省を生かすことが難しい。しかし、協議会ができたことにより、やる気のある人、有能な人を一本釣りすることが可能になった。協議会に情報と知識が蓄積する体制になってきた。こうした成果の背景には、ソフト事業を展開してきたことが関係しているように思われる。人には大工、料理、電気など様々な特技があるが、手作りで事業を実施するからこそ、各人に活躍の場があるという。手間がかかるからこそ、市販のものを購入するよりも、交流の機会は何倍にも増える。その中でお互いを尊敬することに気付くのである。義務的にやらされているのではなく、「目の色を変えて楽しめること」だから続けられるのかもしれない。

他方において、協議会は事業を実行する場であり、時間をかけて議論をする場ではないと認識されているようである。そのため、汗を流した人の意見は尊重されるが、口だけ出す人に対しては「文句があるなら、あんたがやってみろ」となる。「とにかく行動・実行しよう！　それから議論しよう！」という組織文化なのである。

とはいえ、協議会が意見を共有したり集約したりする機能を全く果たさないわけではない。例えば、「第六次総合計画」（二〇一一～二〇二一年度）の策定にあわせて、小学校区単位の「地域計画」が協議会と行政（まち協特派員）によって策定されたことがある。必要に応じて、行動する組織と議論する組織の二つの顔を使い分けることができると言えよう。

六　まとめ

コミュニティ予算制度の可能性と限界として次を指摘したい。

第一に、コミュニティ予算制度の導入はコミュニティ組織を活性化し、協働を促進する機能を持つ。ただし、協働促進機能を十分に発揮させるためには次の四点が重要である。

①地域独自のソフト事業を活発化する制度設計であること。文中で既に繰り返し指摘しているのでここでは省略する。

②総額の算出根拠及びコミュニティ組織に移譲する事業が明確化されていること。首長の思いつきで総額が左右されるのではなく、制度的基盤に即して運用されることが住民の信頼感・安心感につながる。また、コミュニティ組織にとっても何の事業に使う予算であるかが明確になる。

③コミュニティ組織と構成団体の連携による人材確保が行われること。地縁団体の役員は短期間で交代することが少なくなく、情報や知識が蓄積されにくい傾向があった。コミュニティ組織が役員及び事務局をリクルートメントすることにより人材育成を図る必要がある。その前提として、コミュニティ組織と既存地縁団体の関係の位置付け方が重要である（牛山二〇一〇：七）。

④コミュニティ予算の執行結果についての監査や評価が適切に行われる必要があること。協議会内部での監査のみならず、監査委員監査や市民参加による外部行政評価の対象としていくことで透明性と信頼性が確保されるはずである。

⑤行政による人的支援が実施されること。例えば、地区担当職員制度や支所職員による支援である。紙幅の都合でほとんど検討ができなかったが、職員は大きな役割を果たしている。高浜市の「まち協特

派員」は協議会と事業課との橋渡し役を担っている。協議会による事業提案の際には情報提供をしたり、総会、理事会（評議委員会）、部会等にも出席したりしている。行政が事業を地域に丸投げしないで共に考える姿勢を示すのである。また、職員も可能な限り一市民として地域活動にも参加するようにしているという。

第二に、先行研究でも指摘されていたように、コミュニティ予算制度が参加を促進する機能には限界がある。コミュニティ組織は各種地域団体の代表者によって構成されており、これらの団体と関わりの薄い住民には参加する機会が少ない。また、コミュニティ組織は基本的に「議論」することよりも「行動」することが重視される組織である。日常的には時間をかけた議論は行われない。ただし、コミュニティ組織の活動がより住民のニーズにあったものとするために、地区計画をオープンな場で議論し策定したり、定期的な住民アンケートを実施して事業内容や予算提案に反映させたりする工夫は可能である。

第三に、コミュニティ予算制度は代表制民主主義との調和性が高い。交付される予算の使途と地区が限定されており、首長の予算編成権及び議会の予算議決権を侵害しないためである。実際に、各市の議会ではコミュニティ予算の使途等に関する質問はあっても、予算制度自体を否定するような批判は稀のようである。むしろコミュニティ組織と共存する場合が普通である。また、コミュニティ組織の代表者は各種団体から選出されるのであって、選挙によって選出されるわけではないから、首長及び議会の民主的代表性を脅かし得ないことも重要である。こうした事情を踏まえると、様々なタイプのある住民参加型予算の中では政治家の抵抗が少ないコミュニティ予算制度を導入することで、住民の意識と行動の中長期的な変化を促し、参加型民主主義の基盤を形成するという戦略が描けるのではないだろうか。

また、繰り返しになるが、コミュニティ予算制度は使途および地区が限定されていることから、自治体政治全体の意思決定に与える影響は限定的である。その意味では、コミュニティ予算制度自体が代表制民主主義の機能不全を補完ないし是正する力は弱い。ただし、長野市で検討されたように、コミュニティ組織の代表者によって構成される諮問機関を設置して首長に対する勧告権を付与するなど、各コミュニティ組織の意思決定を積み上げる仕組みを設け、全コミュニティ組織の「総意」として集約できれば、自治体政治全体への影響力が高まるかもしれない。

なお、コミュニティ予算制度が二〇〇〇年代に普及し始めた背景には、市町村合併の進展や三位一体改革などの財政問題があるのではないかと考えられるが、この点についての分析は他日を期すこととしたい。(10)

参考文献一覧

井出英策(二〇一三)『日本財政　転換の指針』岩波書店。

牛山久仁彦(二〇一〇)「都市内分権の動向と課題」『SRI』一〇二号、二〇一〇年一〇月。

兼村高文、ロサリオ・ララッタ(二〇一一a)「市民参加予算のこれから　各国の現状から考える(中)――各国で導入されてきた市民参加予算」『地方財務』二〇一一年八月号。

兼村高文、ロサリオ・ララッタ(二〇一一b)「市民参加予算のこれから　各国の現状から考える(下)――『事業仕分け』から『市民参加予算』へ」『地方財務』二〇一一年一〇月号。

兼村高文、洪萬杓(二〇一二)「住民参加型予算の現状と今後――日韓の事例を中心に」『自治総研』四〇五号、二〇一二年七月号。

島田恵司(二〇一三)「住民参加から住民間協議へ――都市内分権を題材として」日本地方自治学会編『参加・

分権とガバナンス』敬文堂。

鈴木潔（二〇一二）「新しい予算編成の試み」稲沢克祐、鈴木潔、宮田昌一『自治体の予算編成改革――新たな潮流と手法の効果』ぎょうせい。

中谷美穂（二〇一三）「住民参加・行政参加改革に関する日韓比較」『法学研究』九五号、二〇一三年八月。

名和田是彦編（二〇〇九ａ）『コミュニティの自治――自治体内分権と協働の国際比較』日本評論社。

名和田是彦（二〇〇九ｂ）「平成二一年度第一回まちづくりセミナー　日本型都市内分権における『参加』と『協働』」『アーバン・アドバンス』五〇号、二〇〇九年九月。

碧南市議会（二〇〇八）『碧南市議会六〇年の活動』碧南市。

松田真由美（二〇〇六）「自治体予算編成過程への市民参加」『ＴＯＲＣレポート』二六号。

宗野隆俊（二〇一〇）「市町村合併と自治体内分権」『調査研究情報誌ＥＣＰＲ』二号。

（1）「杉並区自治基本条例」第二条の定義規定。
（2）花巻市に対するヒアリング調査は二〇一四年九月二日、長野市に対するヒアリング調査は同年九月一八日、高浜市及び高浜南部まちづくり協議会に対するヒアリング調査は同年九月三〇日に実施した。調査にご協力いただいたご担当者の皆様には、ご多忙にもかかわらず貴重な情報・資料をご提供いただいた。この場を借りてお礼を申し上げたい。なお、本稿の内容は、各市・団体からご提供いただいた情報・資料などをもとに、筆者が解釈・構成・執筆したものであり、各市・団体の見解について報告したものではない。本稿に残り得る誤りは全て筆者の責任であり、筆者の所属する組織の見解ではないことも言うまでもない。
（3）日本のコミュニティ予算制度に関する事例研究としては、名張市の「ゆめづくり地域予算制度」（松田二〇〇六、中谷二〇一三）、伊賀市の「住民自治協議会支援交付金」（名和田二〇〇九ａ：三一～四二）、上越市の「地域活動支援事業費補助金」（宗野二〇一〇）、大阪狭山市の「まちづくり円卓会議予算措置提案制度」（鈴木二〇一二)、名古屋市の「地域委員会予算制度」(島田二〇一三)などの蓄積がある。また、コミュニティ予算ではなく自治体の予算編成過程そのものに住民が参加した事例として、鳥取県智頭町の「百人委員会」に関する研究がある(井出二〇一三)。

(4) 交付金を創設するに当たって二〇〇七年度、地域に対する補助金を中心に約一億三〇〇〇万円がスクラップされた(交付金振替財源)。

(5) 本稿では検討対象に取り上げないが、協議会の事務局を充実させるため、事務局長を雇用する経費の一部を補助する制度として、二〇一二年度から「住民自治協議会自立支援(事務局長雇用経費)補助金」が試行的に導入されている。一地区一二〇万円を上限とする(総額三八四〇万円)。

(6) 長野市が推進する都市内分権とは、「地域の課題を迅速かつ効果的に解決するために、地域住民の皆さんが『自分たちの地域は自分たちでつくる』という意識を持って活動し、その活動を市が積極的に支援していく仕組み」と定義される。

(7) 「ずくだし」とは長野方言で「面倒くさがらずにコツコツやっていこう」「辛抱してやっていこう」の意味とされる。

(8) 算出方法は、固定費(前年度に交付された金額の半額)+変動費(前年度交付額の半額に、前々年度から前年度の世帯数増減率を乗じた額)+人件費(一律一九〇万円+世帯加算)である。

(9) 市民予算枠事業には、「地域内分権推進型」「協働推進型」「市民提案型」の三つがあるが、本稿の検討対象は「地域内分権推進型」に限定する。

(10) 「平成の大合併」が都市内分権に大きな影響を与えたことを指摘する研究もある(島田二〇一三:四三~四五)。

(すずき　きよし・行政学)

2　ドイツにおける市民予算の特性

宇野二朗
（札幌大学）

一　研究の背景と目的

市民参加の手法の一つとして、予算編成への市民参加（市民参加予算）が注目されている。この手法の嚆矢となったブラジルのポルトアレグレ市における事例（山崎二〇〇六、出岡二〇一一、水上二〇一二）を中心に、ニューヨーク・コミュニティー委員会の予算制度（横田二〇一一）を初めとして、各国の状況がこれまで報告されているが（兼村・ララッタ二〇一一a）、片木（二〇一〇）を除き、ドイツの事例が取り上げられることは少ない。

ドイツでは、参加民主主義を強める動きと行政改革の動きとが「市民自治体」（Bogumil/Holtkamp/Schwarz, 2003; 坪郷二〇〇七）の理念の下で結びつく流れの中で、二〇〇〇年代に入る頃からのいくつかのパイロットプロジェクトの実施を経て、市民予算を発展させてきた（Franzke/Kleger, 2010）。ポルトアレグレ市の事例に影響を受けながら、こうしたパイロットプロジェクトは実施されたが、しかし、ポルトアレグレ市とは異なる、予算編成における諮問的な市民参加手法（「情報

―コンサルテーション―釈明」）を発展させることとなった。これは、予算編成公開や地区別裁量予算などの日本で観察される方式（松田 二〇〇六、兼村・ララッタ 二〇一一b）とも異なる。こうしたドイツ式の市民参加型予算編成（以下、ドイツ語の表現に倣い「市民予算」と呼ぶ。）を取り入れる自治体は、特に二〇〇〇年代後半に、ヴァリエーションを生み出しながら増加してきた。

本稿では、ドイツで実施されている市民予算がどのような特性を持つのかを、三つの事例の探索的な研究によって明らかにしてみたい。以下では、当初からこれに取り組んできたベルリン州リヒテンベルク区の取組み、電子自治体の取組みの一環として市民予算に取り組んだハンブルク市の事例、そして、近年の財政難の中で市民予算を発展させてきたゾーリンゲン市の取組みを検討する。[1]

各事例研究では、まず、導入に至った背景を簡単に記述した後に、市民予算制度の内容を、①市民予算導入の目的や市民予算の性格、②実施のプロセス・手順、③市民予算の対象となる予算範疇、④市民に対する情報提供の内容、⑤市民予算への参加資格、に分けて概観する。一言に市民予算といっても、導入の目的によって、実施プロセス、参加対象、情報提供、さらには参加資格といった制度設計の方向性も、また、その成否の評価基準も異なることになるだろう。加えて、こうした導入目的とも関連するが、市民予算が何に基づいて行われているのか、また、地方議会の決定権に対してどのような関係にあるのかも、市民予算制度の特性を把握するためには必要不可欠な情報であろう。

続けて、実施された市民予算にどのような市民がどの程度参加したのかを明らかにする。市民参加型の予算編成を考察する際には、そうして編成される予算が市民全体の意向を反映した適切なものとなっていると、参加者の間でも、また、議会・行政内部や市民全体の間でも受容されたものとなっているかどうかが論点となりうる。

最後に、市民予算の手続きによって得られた結果の特徴、及び、市民予算制度に対する自己評価を、担当者への聞き取り調査結果に基づき見てみたい[2]。その際、自己評価の結果そのもののみならず、自己評価をする際に、どのような観点からそれを行ったのかに注目することとした。もちろん、担当者個人の意識の偏りを避けることはできないが、担当者が市民予算制度の実施ネットワークの中に埋め込まれていることを前提とするならば、完全に個人的な見解のみを披露するとは考えにくく、関係者の共通認識に少なくとも部分的には依拠しながら自己評価すると考えられる。そうであるならば、担当者の自己評価を検討することで、その市民予算制度の特質の一端を明らかにすることができるだろう。

二　全体傾向

初めに、ドイツにおける市民予算の全体傾向を、市民予算に関して広く参照されているインターネットサイト（Buergerhaushalt.org）の現況報告（Ruesch/Ermert 2014）に基づいて確認しておきたい。なお、そのため、以下は、調査された四三二の自治体（市町村、郡、区）を総数とした数値である。

まず、市民予算は、次の要件を満たすものとして定義されている（Sintomer/Herzberg/Röcke 2010; Ruesch/Ermert 2014）。

- 財政的な事柄が主に議論されなければならない。
- 市全体のレベル、あるいは政治・行政的意思決定を伴うレベルで市民参加が行われなければならない。
- 規則的に繰り返される手続でなければならない。
- 公衆の議論を可能とするものでなければならない。

・参加結果の説明が必要とされる。

こうした定義に基づくと、市民予算を導入している自治体は八七団体（うち導入段階が四四、継続段階が四三）である。また、上記の定義を十分に満たさないが取り組んでいる団体が四一団体ある。もっとも、四七団体は、かつては市民予算に取り組んだが、現在では実施していない（Ruesch/Ermert 2014：4-7）。

上記の導入済みである八七団体のうち二〇一三年から二〇一四年二月までに手続を実施した七二団体について、手続を詳細にみると、次の特徴が見出された（Ruesch/Ermert 2014：7-13）。

・予算の全体を対象としたものが半数以上（約五八％）を占めたが、一部の政策領域のみを対象とするもの、予算の一部の固定した金額を対象としたもの、それらの混合も見られた。

・節約と支出の両方を対象としたものが大半であった（約七〇％）。節約のみを対象とするものは二〇％程度見られたが、投資等の支出のみを対象とするものはわずかであった（約五・五％）。

・市民が自ら提案し、また、コメントできる形のものが三九（約五四％）、それに加えて行政側からの提案に対する評価するものが二三（約三二％）であった。

・提案等を提出する方法は、インターネットが主となるが現地でも提出できるものが三〇（約四一％）、インターネットのみのものが二三（約三二％）と、インターネットによる方法が主流であった。

・結果の説明について、特段の配慮をしていないもの（通常の予算案公開等での説明のみ）が二二（約三一％）、総計的に説明するものが一八（二五％）と多いが、個別提案に関しても説明を行うものが二〇（約二八％）あった。

以上に見た全体傾向を踏まえながら、続けて、ベルリン州リヒテンベルク区の市民予算（二〇一一年実施）、ハンブルク市の市民予算（二〇〇九年実施）、ゾーリンゲン市の市民予算（二〇一〇年実施）について、それぞれ見ていきたい。

三　ベルリン州リヒテンベルク区

1　背景

ベルリン州リヒテンベルク区の市民予算は、二〇〇五年に開始されたものであり、大都市で最初期に市民予算を導入した事例であり、常に注目されている事例と言える（Bezirksamt Lichtenberg von Berlin, 2012; Engel, 2009）。

二〇〇五年に入る頃、リヒテンベルク区では、二〇〇七年の予算編成に向けた第一回の市民予算プロセスが始められた。その結果は、二〇〇六年春に区議会によって決定され、同年六月に議会による結果報告会が開かれた。その後、毎年、こうした市民予算プロセスは続けられ、現在までに八回の市民予算が実施されている。リヒテンベルク区の人口は約二五・三万人であることから、制度的には区に過ぎず、独自の課税権限を持たないなど、通常の自治体との間に違いは見られるが、人口規模では、ドイツの通常の自治体と比較できるほどの規模を持つ。

2　制度内容

（一）　目的と性格

リヒテンベルク区では、市民予算導入に際して、区予算の節約や効率化が課題となっていたのではなかったという点には留意する必要があるだろう。節約や効率化というよりは参加こそ、リヒテンベルク区での市民予算が意図したことであった。すなわち、予算編成を透明で理解可能にすることや、市民参加を促すことを通じて、区政・区役所と社会とを結びつけ、区域及び近隣区の発展を促すことが、市民予算導入の目的であった。

リヒテンベルク区の市民予算の取り組みは、州法等の規定に基づいたものではなく、区議会の決議に基づき実施しているものである。市民は直接的な決定権を持たないことから、諮問的なそれといえる。

（二） 実施プロセス

二〇一一年に実施されたリヒテンベルク区の市民予算は、「提案・議論」、「評価」、「決定」の三段階に分けられ、およそ三年間をかけて実施されるものであった。一年目は、「提案と議論」、そして「評価」を行う段階であり、二年目はそれを区議会で「決定」する段階である。そして三年目になって初めて実際のその予算を使う。例えば、二〇一二年に使用している予算について市民が参加して議論したのは二〇一〇年であり、二〇一一年に区議会で予算について議論し決定したものであった。

「提案」段階では、インターネット、書面、そして近隣区集会の参加方法で、市民からの提案が募られ、また、議論された。次の「評価」の段階では、インターネットでの投票と各近隣区集会での投票が行われ、インターネットでは、トップ十の提案のリストが作成され、各近隣集会では、それぞれにトップ五の提案のリストが作成された（合計六五の提案）。そして、それらすべてを、無作為抽出・郵送による世帯アンケートによって、さらに評価が加えられる。最終的には、そうした評価結果が、区議会に送付されることになる。

できるだけ多くの区民が参加できるようするというのがこの制度の基本思想であることから、「人々が住んでいるところまで迎えに行く」ために、「提案・議論」の段階と「評価」の段階では、三つの参加方法が準備された。

（三）　市民予算の対象

リヒテンベルク区の予算総額六一七百万ユーロのうち義務任務にあてられる予算を除き、約三五百万ユーロ（六％）が市民予算の対象となった。当初は認められていなかったが、二〇一一年の市民予算では、建設投資についても市民予算で議論できるようになっており、約五百万ユーロがこのために自由となった。

二〇一一年の市民予算では、区役所が所管する次のテーマ領域が議論の対象とされた。

- 公共図書館
- 健　康
- 子供・若者
- 音楽学校
- 老人向けサービス／老人ケア
- スポーツ振興
- 近隣区プロジェクト
- 緑地・遊び場
- 公共道路用地
- 市民大学
- 経済振興

・建設投資

(四) 情報提供

市民に対して、右にあげた各事業領域(あるいはその下位領域)について、それぞれ特徴がわかるように次のような情報を、事業領域ごとに一頁から二頁にまとめて提供している。

・サービス名
・そのサービスの提供者
・そのサービスの対象者
・目的
・そのために行っている事業内容
・評価の基準
・単位コスト
・サービスを提供している施設の場所
・各近隣区別の住民一人あたりコスト

(五) 参加資格

リヒテンベルク区での参加資格は、年齢とも、選挙資格とも関係ない。ただし、リヒテンベルク区の住民であるか、あるいは、就労・生活拠点がある人に限られている。

3 参加状況

市民の参加状況は、回数を重ねるごとに総じて良くなってきている。二〇〇五年には四、〇四八人

（人口の一・六％程度）であった参加者が、年々増加しており、二〇一一年には、八、一三〇人、そして、二〇一三年には一〇、四八八人（人口の四・一％程度）となった。ただし、これは延べ人数である。

参加のルートに偏りがないことも、リヒテンベルク区の市民予算の特徴である。二〇一三年の一〇、四八八人のうち、インターネットで参加・投票した人が三、一〇〇人、近隣区集会で参加・投票した人が四、一五二人、家庭へのアンケートに回答した人が三、一五七人であった。また、投票した人数をみてみると、近隣区集会で投票した人が二、九七五人、インターネットで投票した人が一、一三人、家庭へのアンケートに回答した人が三、一五七人であり、これらを合計すると六、二四五人（人口の二・四％）であった[3]。

参加者の属性に関する情報は少なく、はっきりとはわからない。二〇一三年市民予算への参加者の性別を見ると、男女の参加はほぼ均衡がとれていた。社会的な地位や学歴についての統計は、リヒテンベルク区の市民予算では見ることができない。

4　結果と評価

（一）結　果

では、リヒテンベルク区の市民予算では、どのような提案が多く見られたのだろうか。今までの傾向では、環境・自然や道路施設に関する提案が多かった。

興味深いことに、インターネットと近隣区集会とはテーマが異なるという。担当者に対する聴き取り調査によれば、インターネットでは、インターネットで簡単に提案できるようなテーマが多くなるが、一方、近隣区集会では、その地域に個別的な課題がとりあげられやすい。もちろん、インターネットでも個別の地域についても提案できるが、これまでの傾向では区全体のテーマが取り上げられる傾向が見られるという。近隣区集会では、小さなグループに分けて、例えば移民だけとか、女性だけとか、若い人だけとか、老人だけとかを集めて開催されることもあるので、とりあげられるテーマがインターネットでのテーマと違ってくるそうだ。

こうした提案が実現する割合は低下傾向にある。担当職員に対する聞き取り調査によれば、市民予算が始まったころには、ほぼすべての提案を区議会は受け入れていたが、二〇一二年から大きく変わってきているそうだ。区予算が厳しくなってきているわけではないのだが、このとき、区議会に提出された六五の提案のうち三三提案しか受け入れられていない。

（二）　評価と展望

リヒテンベルク区では、二〇一一年まで七年間続けられてきた市民予算を、市民の参加という観点から、積極的に自己評価している。(4) リヒテンベルク区の市民予算では、行政側の提案に対する市民の反応を伺うのではなく、まず市民の発言が許され、次いでそれについて政治の意思決定者が発言するという手順となっている。この点への担当者の積極的な自己評価が目立った。

さらに、市民予算の導入は、次の通り、市民、政治、行政のすべてにとってメリットがあるという自己評価であった。

●市民にとっては、行政の透明性が高まり、また、予算が、優先順位がニーズに合ったものとなるというメリットがある。さらに、参加において、真面目に受け入れられるということもメリットだろう。その際、この市民予算の仕組みでは、政党やロビーグループに属していることゆえにではなく、市民として真面目に受け入れられる、ということが重要である。

●政治にとっては、市民の知恵を借りることで問題解決能力が向上することや、意思決定の正統性が向上すること、また、政治に対する不満を解消できることなどがメリットであろう。

●行政にとっては、市民が予算編成に加わることで、より市民近接となり、また、透明性を向上できることがメリットである。これによって、市民からよく受け入れられるようになり、さらに、優先順位の設定が明らかになることで、市民からの苦情を受けることが少なくなるだろう。

以上に見たように、リヒテンベルク区では、「透明性」、「真面目に受け入れられる」、「意思決定の正統性」といった「参加」の観点から自己評価をしていることがわかる。行政活動の業績について触れる場合にも、その効率性の向上という観点ではなく、「問題解決能力の向上」や「市民近接」といった観点が重視されていることもわかった。こうした自己評価の観点は、この市民予算の導入目的が「参加」の観点からのものであったことを想起すれば、理解しやすいだろう。

こうした「参加」を中心にした制度設計の観点から見れば、このリヒテンベルク区の市民予算の特質として、第一に、市民側からの発言が行政側の発言に先立ち、市民側の主導が制度的に認められていること（ただし、それゆえに手続きに長時間がかかること）、第二に、インターネットによる参加だけでなく、近隣区集会や世帯アンケートによる参加も、同等の参加経路としていること、第三に、参加資格を緩やかにしていること、第四に、それゆえに、結果に拘束力が発生しない諮問的な性格を持つということ、が挙げられるだろう。加えて、第五に、リヒテンベルク区が「区」であることから、市民予算の対象が限定され、また、区役所の任務を反映し、身近なテーマが取り上げられていることも、その特性として挙げられるだろう。

四　ハンブルク市

1　背　景

ハンブルク市（人口約一七七万人）の市民予算の例は、他都市のインターネットを利用した市民予算と比べ成功した例とは言えないだろうが、中長期的な予算編成に対する市民参加の在り方を考える上ではユニークな取組であった。ハンブルク市では、中長期的な視点に立った財政シミュレーションを軸とした市民予算の導入を試みたが、参加者が少なく、また、実際の予算に反映されなかったという問題を抱え、二〇〇六年と二〇〇九年に、二回実施された後、現在では実施されていない。

二〇〇六年の市民予算は、参加した市民が各自予算案を策定するものであった。これは、特定のテーマに限られたものではなく、市の全体予算に関するものであった。ただし、法律によって義務付けられている支出（社会保障等）があるため、それを除いた自由になる収入についてのみ、市民がそれぞれの予算案を作成するというものであった。

これに対して、二〇〇九年の市民予算では、二〇二〇年までに負債をなくすためにどうするのかが重点テーマの一つであった。支出を削減するのか、それとも税収を多くするのか、が問われた。もう一つの重点テーマは、市が提供している給付サービスを、長期的にも市が自ら提供し続けるのか、それとも民営化するのかということであった。

こうした取り組みは、市行政が主導したのではなく、市議会からの提案であった。当時は連立与党であったCDU（キリスト教民主同盟）の議員が市民予算の実施を提案したのだ。担当部署は、財務局ではなく、電子政府やコミュニケーションを担当している部署であったことは、ハンブルク市での市民予算制度の特質を考える上で重要であろう。

2　制度内容

(一)　目　的

二〇〇九年実施のハンブルク市における市民予算の目的は次のようなものであった。

- ●大きな負債額を背景に、財政計画に対して市民を巻き込むこと。
- ●二〇二〇年までの長期的視座から議論すること。
- ●優先順位と後列順位を探し出すこと。
- ●支出と節約に関する具体的提案を開発すること。
- ●予算により多くの知恵を集め、また、透明性を創りだすこと。

こうした目的のリストからは、ハンブルク市が、市民予算の導入に際して、節約などの具体的な財政課題の解決を目的とはせずに、中長期的な視座から財政問題について広く市民を巻き込み、また、その知恵の結集を目的としていることが読み取れるだろう。

(二)　性　格

ハンブルク市の市民予算は、州法等によって義務付けられたものではなく、市議会の決定に基づいて実施されている。市民に予算決定の権限を付与する性格のものではなく、諮問的な性格を持つものであった。つまり、市民予算の結果は、そのまま予算となるわけではなく、予算の決定はあくまでも市議会が行う。もちろん、市民予算の結果としてまとめられたすべての提案は公表され、また、市議会の決定の後に市民に対して説明される必要はあった。

（三）　実施プロセス

オンラインでの議論が、ハンブルク市の市民予算の最大の特徴であり、それは三つの段階からなった(Hamburgische Bürgerschaft, 2010)。

●第一段階（二〇〇九年六月一六日から一八日）は、ブレインストーミングであり、参加者は、ハンブルク市の財政の将来がどのようにあるべきか、あるいは、どこに重点が置かれるべきか、どのように負債を減らすべきか、についてアイディアを提供する。そのために、この期間に、フォーラムが形成される。その際、「予算計算機」と呼ばれる簡易の財政シミュレーションを用いて、各自が予算の変更案を自動で作成し、それも議論に付すことができる。

●第二段階（二〇〇九年六月一九日から七月八日）は、議論を深める段階である。テーマ別に分かれて集中的に議論をするとともに、提案やコンセプトを共同で作り上げていく（いわゆるWikis）。また、個々人の節約に関する提案リストも作成される。これらの諸提案に対して、各参加者はコメントをしたり投票をしたりすることができる。その結果、最終的に、優先リストが作成される。

●第三段階（二〇〇九年七月九日から十日）では、フォーラムが開かれ、諸提案が整理され、調整や補足が行われる。

このそれぞれの段階で、モデレーターが、情報を与えたり、議論を整理したり、まとめたりする。このオンラインでの議論の後に、諸提案を市議会の予算委員会が討議し、その後、市議会でその取扱いが決定されることになる。

（四）　広報・情報提供

ハンブルク市は、市民予算へのより多くの市民の参加を促そうと広報に力を入れた。初回であった二〇〇六年の市民予算では、独自のデザインを採用し、パンフレットやポスターとして活用した。また、大きな記者会見も行い、ハンブルクのサッカーチームにも記者会見に出席してもらうなど、市民の関心を惹きつけることに工夫を凝らした。さらに、二〇〇六年、二〇〇九年の両方とも、市内に住む有名な人々に参加を呼びかけ、ライブチャットをするなどして、市民の参加を呼びかけた。単に、三から四週間、市民予算が実施されているということを広報するだけでなく、実施の最中にも市民への呼びかけを試みた(5)。

オンラインでの議論のために、インターネットサイトでは、詳細な情報、例えば、ハンブルク市の一二の予算領域について、各領域の予算額、目的、さらに、その領域に含まれる製品群（施策群）などが示された(6)。

特徴的であるのは、専門家や関係者の見解をインターネット上で知ることができるようにしたことであった。例えば、専門家を招いてインターネット上でのフォーラムを開催し、その情報をインターネットサイトで閲覧できるようにし、また、市議会や労働団体の代表者の意見も、ビデオに録画し、それをインターネットサイトで閲覧できるようにした(7)。

（五）　参加登録

参加登録は極めて簡単である。専用のインターネットサイトで、公開される利用者名とパスワードを入力し登録するだけでよい。

3　参加状況

ハンブルク市の二〇〇九年の市民予算への参加者数とその属性は、次の通りであった。メディアでの注目もあり、二〇〇六年の市民予算では登録された参加者は二、八七〇人であったが、二〇〇九年には五五二人に過ぎなかった。そのうち、男性の参加者が三分の二を占め、中年層の参加が多かった。参加者がもっとも多かった年齢階層は四〇歳から六四歳までの階層（四五％）であり、二五歳から三九歳までの年齢階層がそれに続いた。二四歳以下の参加者は一〇％強に過ぎなかった。高い教育を受けている市民の参加が多かったのも、特徴の一つである。八二％の回答者が、大学入学資格を持つものか、あるいは大学卒業者であった（Hamburgische Bürgerschaft, 2010）。

こうした情報のうち目立つのは登録者の少なさであろう。議論には、一、九七〇のコメントがあり、その結果として、二四五の予算が編成され、一五の共同提案が作成された。とはいえ、一七七万人都市であることを考えると、五五二人という登録参加者数はやはり少ない。

4　結果と評価

（一）結　果

二〇〇九年市民予算の結果は、市民にとってあまり身近でない分野、たとえば、財務局の土地管理の予算を削減し、若者援助や学校といった身近な分野を増やそうとしたものであった。この結果をみると、そもそも身近であるのか、身近でないのか、ということが重要になっていた。

さらに、二〇〇六年市民予算と二〇〇九年市民予算の結果を比較すると、市民が予算のどの部分を増額し、どの部分を削減するのか、ということに関する傾向は似ていた。例えば、学校、社会・家族、大学などに増額し、他方で、多くの行政事務コストは削減するという傾向であった。それゆえ、「これはハンブルク市民の大部分に共通する意見なのだろうと思う」と担当職員は話していた。

（二）評　価

市民予算の効果について、担当職員は、政治に対する間接的な影響力（例えば、選挙での争点化）を挙げていた。また、インターネットを利用することのメリットについての指摘もあった。担当職員は、インターネットにはこれまでであれば参加しづらい層（子供のいる世帯や直接意見を言うことが苦手なもの、等）も参加しやすくなることを示唆していた。

もっとも問題点の指摘の方が強調されていた。特に、市議会による市民予算の結果の取り扱いについて課題が指摘された。そもそもハンブルク市では、市民予算を実施することを決めたのは市議会であった。また、市民予算の結果は、市議会に報告され、予算委員会で討議されることになっていたし、実際に討議された。二〇〇六年にも市民予算では多くの提案が出された。しかし、市議会で実際に提案されたのは三つに過ぎなかった。しかも、その内容は、例えば、省エネ、教育・大学の質を良くする、というように取り組みやすいものだけであった。

このように二〇〇六年には市民予算の結果がそれほど反映されなかったことから、二〇〇九年にはその改善が計画された。市政府の各省庁は、市民予算による提案を評価しなければならず、もしそれを議会に提案しない場合にはその理由を付さなければならず、それに加えて、市議会の各委員会で討議をする、ということが計画されたのだった。しかし、それは実現しなかった。業務が増えるという行政側の抵抗が強かったのが原因であった。それゆえ、市民予算の結果は、現実の政治には反映されなかった。

このように、市民予算の結果をどのように行政・政治が取り扱うかという点で、ハンブルク市の取り組みは挫折した。

こうした挫折とその原因である市政・市行政側への何らかの義務付けの欠如こそ問題視されていたが、担当職員の自己評価では、その市民予算の制度内容の大半については、その参加登録者数が少なかったことも含めて問題視されていなかった。(8) こうした自己評価からは、市民の代表性というよりは、市民の知恵の結集を重視する姿勢が伺える。市民の知恵の結集のための「熟議」の観点が最重視された仕組みであったと言えるであろう。

こうした「熟議」の観点を持つハンブルク市の市民予算における制度設計の特性は、何よりもまず、単に市民や行政側の提案に対して投票を求める形式ではなく、専門家や関係者の見解に学びつつ、参加者が相互にオンラインで討論をし、提案を共同で作り上げていくプロセスを重視したものであったことであろう。第二に、代表性よりも、市民の知恵の結集を重視する観点から、参加資格は非常に緩やかなものとされた。第三に、こうした討論に適したテーマとして、二〇〇九年市民予算の対象となったのは、単年度の節約や施策ではなく、中長期的な市財政の在り方であった。

しかし、第四に、市民予算の対象が中長期的な在り方に及んだことは、反面で、討論結果の取り扱いに関する取り決めの曖昧さをもたらした。市議会に対する拘束力を持たない諮問的な市民予算であることは言うに待たず、すでに見たように、ハンブルク市では、市民予算の結果を政治・行政側が真剣に受け止めなければならない責務を課すものともならなかった。

五　ゾーリンゲン市

1　背景

ゾーリンゲン市の市民予算は、ドイツで初めての、支出削減と増収に重点を置いたそれであった。しかも、ある程度の目的を達成することができ、また、参加率が高く、各方面から評価を得られたことで、ドイツ国内でも注目されることとなった(9)。

ゾーリンゲン市（人口約一六万人）の市民予算制度は、厳しい経済情勢を背景に、節約をテーマとしたものである。ゾーリンゲン市では、特に二〇〇〇年代後半の金融危機以降、財政状況の悪さが課題となっていた。そして、破産状態に陥ることを免れるために、毎年度四、五〇〇万ユーロを節約することが州政府から求められていた（これは、総支出の約一〇％にあたる。もっとも、後の計算では四、三〇〇万ユーロの節約で十分であった）。この節約を実現するために、市議会・市行政は、いったい市の支出のどの部分を節約するべきなのかを市民に聞くことにしたのだ。節約を実施していくためには、その節約が市民から受け入れられていることが重要だと考えられたからだ。

予算過程に市民が参加するとはいっても、それは市民が予算を決定するという意味でのそれではなく、助言するという意味でのそれであった。予算を最終的に決定するのが市議会であることは、それ以前と変わらなかった。とはいえ、市議会にとって、適切に決定を下すために、市民が何を望み、どのようなことに納得できるのかを知ることの重要性は増していた。

2　制度内容

(一)　目　的

財政破たんの危機に直面しているゾーリンゲン市では、市民のニーズを汲み取り、それを予算化していくことを市民予算導入の目的としていたのではなく、節約・増収の必要性を市民（とりわけ一般の市民）に訴え、また、その痛みを受け入れてもらうこと、そのための市民とっての優先順位を知ることを目的としていた。

(二)　市民予算の対象

節約・増収のための市民予算であることからわかるように、この市民予算では、そのための専用の、あるいは追加的な予算は準備されていなかった。そうではなく、財政破たんを避けるのに必要な四、五〇〇万ユーロの節約・増収のための方策を市役所が準備し、それぞれに対して市民がコメントし、また、「賛成」、「反対」を表明できるようにした。

四、五〇〇万ユーロを節約するために、市の行政が提案した節約・増収策は二四八あった。これに加えて、合計で二、五〇〇万ユーロの節約が可能となる三〇の特別策（"Sondermaßnahmen"）を市議会に知らせた。この特別策は、比較的問題なく実施できただろう四、五〇〇万ユーロの節約・増収策よりも、その実施に困難・苦痛が伴う策である。例えば、刃物の町として世界的に有名なゾーリンゲン市を代表する「刃物博物館（Klingenmuseum）」の閉鎖がこの特別策には含まれていた。

もっとも、上記の二四八の節約・増収策のすべてが市民の参加対象となったわけではなく、その中でも、市民が直接影響を被ると考えられ、そのため市民の反応が大きいと思われる七八の方策（合計で二、二〇〇万ユーロ）を参加対象とした。それらは、例えば、各種税金の増税や公共プールの閉鎖などであった。他方、参加対象としなかったものは、行政内部管理などの節約策であった。これらは、市民の意見を聞くまでもなく実行可能なものと理解されていたのだ。また、市民に対して市の財政状況が切迫した状況であることを伝えるためにも、市民への影響が大きいと考えられる三〇の特別策も市民の参加対象となった。

このほか、市民は、独自の節約提案を提出することが可能であったが、それに対して、他の市民がコメントし、また、評価することはできなかった。

（三）　実施プロセス

二〇〇九年の一〇月頃に開始された市民予算に関するプロセスは、翌年の夏まで、およそ一年間かけて実施された。まず、市の行政は、各部の事務事業を点検し、二四八の節約又は増収策を見出し、二〇一〇年二月二五日にはそれらを市議会に提出した。また、特別策も市議会に提出した。

次に、二〇一〇年の三月四日から三月二五日の三週間にわたり、市民の参加を受け入れるため、インターネットのプラットフォームで上記の七八の節約・増収策を公表した。加えて、三〇の特別策も公表した。そして、市民が七八の節約・増収策を拒否した場合には、この三〇の特別策を行わなければならないこととしていた。

この三週間の参加フェーズが終わった後、市民参加の結果はまとめられ、市議会に提出された。それを受けて市議会は、二〇一〇年の七月八日の市議会で、各節約・増収策の取り扱いについて決定を下した。そうした市議会の決定と市民の投票結果との違いは、事業報告書（Rechenschaftsbericht）として二〇一〇年一〇月二〇日に公表された。こうして、節約・増収策に対する市民参加のプロセスは終了した。

（四）情報提供

この予算に対する市民参加のプロセスにおいて、市民は、どのような情報に接することができたのだろうか。

三週間続く参加フェーズに入ると、まず、市民は、市民予算専用のインターネットサイト（www.solingen-spart.de）から情報を得る。市民は、例えば、インターネット上で、「二〇〇九／二〇一〇年度予算」、「財政状況に関する各種数値（事実）」、「財政計画（Haushaltssicherungskozept）に関する情報」などが閲覧できるほか、市の財政状況に関する説明や市民予算の提案理由に関する市長の挨拶が読めた。その際、情報提供をする市行政側では、「なぜ市が節約しなければいけないのか、また、どの程度の節約をしなければならないか、を市民にわかりやすいように、短く書く」ことが意識された。

また、一つ一つの節約・増収案について、その内容と影響、例えば、この事業を削減するとどれだけの削減となり、また、それによってどのような影響がもたらされるか、ということも、市民は、インターネットサイトで知ることができた。

これらに加えて、市行政は、この地域の新聞やラジオに対して市の財政状況や市民予算制度について説明し、報道されるように努めた。

（五）参加資格

予算編成に参加するためには参加登録が必要であるが、その際の参加資格は限りなく緩やかであった。参加登録のためには市民である必要はなく、利用者名とメール・アドレスを入力することのみで登録できた。登録の際には、性別、年齢階層、学歴、所属・背景（市民、行政職員、団体等職員、学者、等から選択）などの情報も聞かれるが、それらへの回答は任意であり、回答せずとも登録できる。もちろん年齢、性別、国籍などでの制約はない。

こうして登録した参加者は、市の示す各々の節約・増収案にコメントをすることができ、また、その評価（賛成、又は反対）を行うことできる。登録した参加者は、一提案について一票を投じることができ、各案に寄せられた賛成数と反対数の比較によって、その提案に対する市民の判定は決まる。

3　参加状況

ゾーリンゲン市では、想定よりも多い参加があった。二〇一〇年に実施された市民予算では、その専用サイトを訪れたのは二万人以上であり、そのうち登録参加者数は三、五九五人であった。これは、ゾーリンゲン市の人口がおよそ一六万人であるから、人口の約二・二％に相当する人数であった。登録した参加者は、合計で一五二、三四七件の評価を行った。参加者一人あたりでは四三件の評価を行った計算になる。また、一〇八の行政側の提案に対して四、九七八のコメントがあった。加えて、約一、〇〇〇の市民提案があった。こうした参加状況は、当時、ドイツの中では最も盛んな部類に入った。

登録参加者の中で多かったのは、以下に詳しく見る通り、三〇歳代から五〇歳代、高学歴、そして男性であった。

第一に、年齢層である。ゾーリンゲン市の市民予算では無作為抽出方式を採用していたわけではないことから、すべての年齢層の市民が参加したわけではなかった。年齢階層を回答していない参加者も多いことから正確なところはわからないが、三〇歳から四五歳までの参加者が最も多く一、二六〇人、四六歳から六〇歳までの参加者が九八五人であり、全体の半数を超えた。特徴的であるのは、六一歳以上の参加者（三六一人）よりも、二九歳以下の参加者（六九三人）が多かった点であろう。また、三歳から一四歳までの年齢層でも参加があった（七四人）。

第二に、やはり回答をしていない参加者が多いことから正確なところはわからないが、学歴別である。高学歴の市民が多く参加していることがわかる。総合大学卒が一六・一％、専門大学卒が一八・九％を占めた。

第三に、性別である。四九・九％が男性、三七・二％が女性であり、残りは回答なしであった。おそらくは男性の方が多いことがわかる。

第四に、所属・背景別にも、参加者の特徴を見ておこう。大半が、「市民」という選択肢を選んでおり、「学者」、「団体所属」、「企業所属」、「行政職員」などの選択肢を選んだ回答者はわずかだった。

なお、収入については、登録時に質問項目を設けていなかったので不明である。しかし、収入が低いと見られている地域では、参加した人が少なかったという結果は見られた。高い教育を受け、そしておそらく収入の高い市民が、この市民予算プロセスに参加したと見られる。

4　結果と評価

（一）結　果

では、市民の節約・増収策に対する反応はどのようなものであったのだろうか。賛成の投票が過半数を超えたのは次のような提案であった。

- 二つの市民ホールの閉鎖
- サッカースタジアムを取り壊し
- 犬税の引き上げ

●分散していた市役所の二か所への集中
●学校の統廃合
●駐車場の削減
●増　税

他方、反対の投票が過半数を超えたのは次の提案であった。なお、これらを含む反対が過半数を超える提案の金額を合計するとおよそ一、三〇〇万ユーロとなった。

●スイミングプールの閉鎖
●公共交通（バスなど）の削減

では、こうした市民による評価の結果、節約はどの程度実現できたのだろうか。四、五〇〇万ユーロの削減・増収が必要であるところ、市民予算の対象とはならなかった行政内部の管理経費等の削減で二、三〇〇万ユーロを節約、一方、市民予算による削減（過半数が賛成）では八五八・六万ユーロの節約に留まった。特に、一、〇〇〇万ユーロ以上の増収策（五五〇万ユーロの土地税、四六〇万ユーロの営業税の増税）について市民からの反対があったことが、市民予算による節約・増収を少なくした。その結果、市内部での節約と市民予算による節約とを合計しても三、一五八・六万ユーロにしかならず、必要となる四、五〇〇万ユーロには達しなかった。

このため、四、五〇〇万ユーロの節約を達成するためには、市議会は、市民予算の結果に反する決定を行わなければならなかった。例えば、市民予算では反対の多かった土地税や営業税の増税は、それにも関わらず実行された。ただし、市議会は、市民の考え方を参考として、スイミングプールは閉鎖せず、また、公共交通を減らすことはなかった。

（二）評　価

聴き取り調査の結果によれば、二〇一〇年度の市民予算制度について、ゾーリンゲン市の市行政当局は、次の理由から成功であったと考えていた。

- 市が問題を抱えているということ、経済的に問題があるということを多くの市民に知ってもらえた。
- 五、〇〇〇件近いコメントに見られるように、市民から多くのフィードバックが得られた。もっとも、市民からの自発的な提案を採用することはできなかった。
- 市の財政が透明、正統性が高まり、市民から受け入れられやすくなった。
- 行政内部に、市民参加を行っていくノウハウを蓄積することができた。さらに、他の市民参加手続きのために今回の取り組みは活かしていける。

このように、市行政当局は、二〇一〇年の市民予算制度の導入・実施の成果を前向きにとらえていた。ただし、問題がなかったわけではない。問題点は、主に次のような点であった。

- インターネットを使えない人が参加できなかったこと。確かに、市役所、インタネットカフェなどで参加することを呼び掛けたが、残念なことにそうした場所はあまり利用されなかった。
- 想定より多かったとは言え、絶対的には参加者が少なかったこと。したがって、結果が代表的であったかどうかは評価できない。
- 組織化されたアクター、例えば団体や協会が、一人ひとりの市民よりも大きな影響力をもったであろうこと。例えば、各節約・増収策の評価に際して、ある団体が、前もって話し合い、そして同じように投票したということがあった。

●市民が参加したことによって、直ちに、市の財政問題が解決されるわけではないこと。
●参加登録を操作できたであろうこと。
以上からわかるように、ゾーリンゲン市は、「節約」が市民予算の観点であり、市民が中心となった市民のための予算編成といいよりは、市が行う「節約」を市民に理解してもらうための方法だったと言える。

こうした「節約」の観点から、ゾーリンゲン市における市民予算の制度設計の特性として、第一に、市行政側が示した節約・増収策に対して市民が評価を与えるというものであったこと、第二に、節約・増収策への市民の理解を期待するため、情報提供に力が入れられていたこと、第三に、インターネットを活用し、参加資格を緩やかにするなどして、参加しやすいものとしたこと、第四に、市民の節約・増収策に対する反応は、あくまでも諮問的なものとされ、最終的には、市民予算結果とは異なる議会の意思決定も行われたこと、が挙げられるだろう。

もっとも、確かに、ゾーリンゲン市の市民予算は、市役所側からの「節約」のためのそれではあったが、市行政側が市民に対する「節約」の境界線を知ったという意味では、市民近接の側面も有した[10]。

六　まとめ―ドイツにおける市民予算の特性

以下では、ここまで見てきた事例研究の特徴から、ドイツの市民予算の特性をまとめ、加えて、その課題を挙げておきたい。

第一の特性は、市議会・市行政主導である点である。各都市の導入背景は様々であるが、市民からのボトムアップでの導入であった事例は見られず、市長・市議会等からのトップダウンでの導入であった点は共通していた。こうした背景もあり、財政状況の悪化に直面する中で、実施目的の重点が市民参加の促進から財政状況の改善へとシフトしている。初期に導入したリヒテンベルク区やハンブルク市の事例では、市民予算は、市民参加の一環として位置づけられていたが、特に、金融危機以降の二〇一〇年になり市民予算を導入したゾーリンゲン市が典型的であるように、近年では、他の都市（例えば、ケルン市、ボン市、など）でも、財政目的、すなわち節約・増収が市民に受け入れられるようにすることが目的となっている。

第二の特性は、諮問的な性格をもち、最終決定権限は市議会に残されるのが基本となっている点である。実際に、今回の調査対象となった都市のすべてで諮問的な市民予算が導入されていた。もっとも、ハンブルク市を除く、リヒテンベルク区とゾーリンゲン市では、市議会での決定と市民予算の決定の違いについて市民に対して釈明することが制度化されている。初期に市民予算を導入した事例（リヒテンベルク区）では、市民予算の結果が市議会によって十分に配慮されていたが、それでも、回を追うごとにその程度は下がっていった。また、節約・増収が主要な目的となっていたゾーリンゲン市では、市民予算の結果にも関わらず節約・増税が行われていた（ただし、その場合にも、市民予算の結果がすべて反映されなかったわけではない）。

第三の特性は、管理費用などは除かれるが、市の予算全体を対象としていた点である。市民参加用の特別予算枠を準備する型とは異なる。節約・増収を目指したゾーリンゲン市の例では、当然、市民が配分すべき特別の予算は用意されず、節約・増収策に対する市民の反応が求められた。また、ハンブルク市では、長期的な負債管理が主要なテーマであったことから、ある分野の支出を増やせば、ある分野の支出を減らすなどしなければならず、優先順位・後列順位を明らかにしようとするものであった。他方、リヒテンベルク区では、支出に関する提案も可能な市民予算であったが、特定の予算枠が事前に設定されているというものではなかった。リヒテンベルク区では、投資を含む、法的な義務付けのない任意任務に係る予算がすべて対象であった。

第四の特性は、インターネットを利用したオンラインでの施策案に対するコメント・投票が活用されていた点である。その例外はリヒテンベルク区であり、書面や近隣区での集会も重要な参加ルートとなっていたが、それでもやはりインターネットでの施策案に対するコメント・投票も活用されていた。インターネットを主に活用している都市でも、その活用方式は異なった。ゾーリンゲン市では、市からの提案に対して市民がコメント・投票する形式であった（ただしこの場合にも市に対して市民が提案することはできた）。これに対して、ハンブルク市では、オンラインでの議論を深めていくことに主眼を置き、「ブレインストーミング」、「議論を深める」、「諸提案の整理・調整・補足」という三段階のオンラインでの議論プロセスの中で、市民の提案に対して他の市民が議論することや、Wikisを利用した市民の共同作業を実現し、また、専門家によるオンライン・フォーラムや関係者の見解に関する動画配信など情報提供も充実させた。こうした方式により質の高い議論が可能となったそうだが、もっとも、このハンブルク市の方式には、市議会の対応に関する担保が存在しないなどの問題もあり、二〇〇九年以降実施されていない。

第五の特性は、参加者の資格が緩やかな点である。リヒテンベルク区では住民・通勤通学者に限定していたが、それ以外の参加資格要件はなかった。ハンブルク市とゾーリンゲン市では、メール・アドレスとユーザー名の登録さえすれば、市域外の住民であっても、未成年や外国人であっても参加登録が可能としていた。そうした参加資格の緩やかさも手伝い、参加者は、人口の四％程度（リヒテンベルク区、ただし延べ人数）を筆頭に、二・二%程度（ゾーリンゲン市）となっていた。典型的な参加者像は、三〇歳代から四〇歳代の男性で高い教育を受けたものというものであり、インターネットを主要なツールとして利用した都市では、六〇歳代以上の参加者よりも二〇歳代以下の参加者の方が多く見られた。もちろん、参加者構成の歪みの問題、「なりすまし」や団体での統一的な投票という問題も、担当職員によって認識されていたが、そうした問題に配慮するよりも、気軽に多くの人が参加できる仕組みづくりが優先されていた。

以上の制度設計上の五つの特性からは、ドイツの都市自治体の市民予算が、「ミニ・パブリックス」（篠原、二〇一二）を生み出し、そこでの議論をいわば世論の代表として扱おうとする仕組みというよりは、より多くの参加者を募ることで、何らかの団体に組織化されているわけではない「一般」の市民の声を拾い上げようとする仕組みであることがわかるだろう。参加者が多ければ多いほど、よい提案も生まれると考えられている点は興味深い。そうした観点からは、インターネットを用いることで、集会やイベントには参加しづらい層など、その他の参加手法によっては得られない提案や評価が得られる可能性も、聴き取り調査では指摘されていた。もちろん、その提案や評価に何らかの代表性が備わっているわけではないことから、そうして表出された提案・評価と、その他の参加手法によって表出された提案・評価とを対話させること、つまり、その他の市民参加手法との併用の必要もあるだろう。インターネットを用いた市民予算を他の市民参加手法と併用することで多様な意見の表出機会を創りだし、それらの対話の機会を創ることによって、より普遍的で寛容な予算へとたどり着くことが期待されていると言えるのではないだろうか。

最後に、ドイツの市民予算が諮問的なそれであるという特性に関連して、その課題として少なくとも次の二点を挙げておきたい。もっとも、諮問的なそれであるという特性ゆえに、参加資格の緩和や対象予算範囲の拡大など、より自由な制度設計が可能であったということに留意を要するだろう。

第一に、すでに見たように、ドイツの市民予算は、特定の市民予算枠を設けずに行う諮問的な市民予算の制度であることから、その成否は、市民予算の結果の質と、それを汲み取る市議会・市行政側の対応の真摯さにかかっていると言え、制度としては脆弱である。こうした制度の下では、何より、予算の最終決定権限をもつ政治家側の関心の高さを維持することが重要となるが、その関心にのみ任せていると、財政状況が悪化する中では、節約・増収策を市民に受け入れられやすくする仕組みへと、市民予算が転嫁されてしまうおそれがあるだろう。

第二に、市民予算の有用感を上げることも課題である。市民が市民予算に関心を持ち続けるようにするには、市民提案が真摯に取り扱われ、そして、結果につながるという確信を与えられるかが鍵となるだろう。その際には、あまりに長い手続期間が問題視される。確かに、議論にあまりに時間をかけすぎ、その割には、市議会による市民予算の実現度合いが低くなるなら、市民は、市民予算を有用なものとは見做さなくなり、市民予算離れが進んでしまうだろう。とはいえ、そのために、市民提案を練り上げていく議論の期間を短縮し、市民提案を短期間で実現に結び付けることだけが過度に強調されるなら、短期間で対応可能な提案が主流となり、市の中長期的な戦略に関する市民提案を引き出す機能は失われるだろう。そうであるなら、市民予算の有用感と、中長期的、全体的な視野にたつ市民提案の創出を両立させるためには、近隣区別予算のような、少額ではあるが短期的な解決を求める市民予算と、市の中期的な戦略と結び付くような市民予算とを併用することも検討に値するのではないだろうか。

本稿では、主に、担当者への聞き取り調査と関連資料に基づき、ドイツにおける市民予算の制度設計とその実施状況、そして自己評価・展望を見てきた。しかし、市民が実際にどのような提案・投票をし、その結果として、市の予算にどのような変化の兆しが見てとれるのか、また、それが、地方自治システム全体に対してどのような影響を与えているのか、ということについては言及できなかった。この点は、今後の課題としたい。また、今回言及した都市の他にも特徴的な市民予算を発展させてきている都市もあり[11]、さらに、近年になり新たな試みを始めている都市もある。こうした都市の取組みについても観察していく必要があるだろう。

文献一覧

出岡直也（二〇一二）「参加型予算（ブラジル、ポルト・アレグレ市）―大規模政治体における民衆集会的政治の可能性」篠原一編『討議デモクラシーの挑戦―ミニ・パブリックスが拓く新しい政治』岩波書店、一四七―一七五頁。

宇野二朗（二〇一三）「ドイツ地方自治体の市民予算」『平成二四年度比較地方自治研究会調査研究報告書』六三―一〇六頁。

片木淳（二〇一〇）「住民意思の反映とドイツの市民参加制度～住民投票と市民参加の取組」『自治体国際化フォーラム』Nov. 2010、八―一二頁。

兼村高文、ロサリオ・ララッタ（二〇一一ａ）「市民参加予算のこれから 各国の現状から考える（中）各国で導入されてきた市民参加予算」『地方財務』二〇一一年八月号、六九―八六頁。

兼村高文、ロサリオ・ララッタ（二〇一一ｂ）「市民参加予算のこれから 各国の現状から考える（下）各国で導入されてきた市民参加予算」『地方財務』二〇一一年十月号、九八―一一三頁。

篠原一編（二〇一二）『討議デモクラシーの挑戦―ミニ・パブリックスが拓く新しい政治』岩波書店。

坪郷實（二〇〇七）『ドイツの市民自治体』株式会社生活社。
松田真由美（二〇〇六）「自治体予算編成過程への市民参加」『TORCレポート』№二六、一五五―一六五頁。
水上啓吾（二〇一一）「ブラジルにおける参加型予算制度　カルトーゾ政権期におけるポルトアレグレ市を中心に」井手英策・菊地登志子・半田正樹『交響する社会「自律と調和」の政治経済学』岩波書店、二八一―三〇七頁。
山崎圭一（二〇〇六）「ブラジル参加型予算の意義と限界」日本地方自治学会編『自治体二層制と地方自治〈地方自治叢書一九〉』敬文堂、一三三―一五一頁。
横田茂（二〇一三）「都市内分権とコミュニティ――ニューヨーク・コミュニティー委員会の予算制度」日本地方自治学会編『参加・分権とガバナンス〈地方自治叢書二六〉』敬文堂、六七―九六頁。
Bezirksamt Lichtenberg von Berlin (2012) *Bürgerhaushalt Lichtenberg 2013*.
Bogumil, Jörg/Holtkamp, Lars/Schwarz Gudrun (2003) *Das Reformmodell Bürgerkommune*, edition sigma, Berlin.
Engel, Denise (2009) *Der Bürgerhaushalt als Instrument der kooperativen Demokratie. Dargestellt am Beispiel der Bürgerhaushaltsverfahren von Berlin-Lichtenberg und Köln*, GRIN Verlag.
Franzke, Jochen / Kleger, Heinz (2010) *Bürugrhaushalte. Chancen und Grenzen*, edition sigma, Berlin.
Hamburgische Bürgerschaft (2010) *"Bürugrhaushalt Hamburg 2009" Abschlussbericht der Online-Diskussion.*
Ruesch, Michelle / Ermert, Julian (2014) *7. Statusbericht des Portals Buergerhaushalt.org.*
Sintomer, Yves / Herzberg, Carsten / Röcke, Anja (2010) *Der Bürgerhaushalt in Europa-eine realistische Utopie? Zwischen partizipativer Demokratie, Verwaltungsmodernisierung und sozialer Gerechtigkeit*, Springer VS, Wiesbaden.

（1）本稿は、自治体国際化協会比較地方自治研究会における海外調査（二〇一二年二月二七日から三〇日の間に実施）の結果（宇野二〇一三）の一部に加筆・修正したものである。事例研究の記述は、特に別の引用がなければ、この海外調査における担当職員に対する聞き取りの結果、及びその際に収集された資料によっている。リヒテンベルク区とゾーリンゲン市の事例では、調査実施後に一度ずつ市民予算手続きを実施している。

（2）注（1）の海外調査の結果の一部である。

（3）インターネットによる投票人数が極端に少なくなっている原因は不明である（担当職員への聞き取り調査）。

（4）もっとも、問題点も認識されていた。第一は、市民参加のプロセスが長期間にわたることであり、第二は、政治が関心を失っていることである。それにより、政治による市民予算結果の振り返りとフィードバックの議論が低調となりつつある。こうした問題意識から、二〇一三年には、市民予算の手続にかかる期間を短縮するように制度の修正が図られた。

（5）担当職員への聞き取り調査では、メディア、例えばシュピーゲル誌などに報道されることで参加者が増えるという傾向は明らかであったそうだ。

（6）ハンブルク市の市民予算二〇〇九のインターネットサイト（www.buergerhaushalt-hamburg.de/page103.html［二〇一五年八月二〇日閲覧］）を参照。もっとも、担当職員によれば、すでに自らの意見を持つ参加者が多かった分、かえって、そうした情報が十分に活用されなかったと思われるそうだ。

（7）例えば、ハンブルク市の市民予算二〇〇九のインターネットサイトにおける「専門家フォーラム」については、www.buergerhaushalt-hamburg.de/page37.html［二〇一五年八月二〇日閲覧］を参照。

（8）登録参加者数の少なさについては、担当職員からは、むしろ、それを成功・失敗の基準とすること自体に懐疑的であるとの回答があった。すなわち「討論の質と、参加者数とは、さほど関係ないと思う。例えば、新聞の調査でYES—NOだけ問えば多くの人数が回答するが、それと討論の質とはあまり関係ないだろう。予算というのは複雑な問題であるからＹＥＳ―ＮＯでは回答しきれないのではないか」という旨の回答であった。ハンブルク市では、登録者参加者数を増やすことではなく、「討論の質」を追求したことが伺える。

（9）例えば、the European Institute of Public Administration (EIPA) による二〇一一年の European Public Sector Award の Opening Up the Public Sector 部門において、ベスト・プラクティスとして Diploma を受領した。

（10）市の担当職員によれば、市民予算を通じて特にわかったことは、青少年に対する節約には市民が反対するということであったと言う。市民がいったい何に賛成をし、何に反対をするのかがわかったことは、今後、未来に向けて計画を作る際にも活用できるだろうから、それだけでも収穫であったと話していた。

（11）例えば、フライブルク市では、市民予算に際してジェンダー予算を作成している（http://www.beteiligungshaushalt-freiburg.de/cms/?q=dokumente［二〇一五年八月二〇日閲覧］を参照）。

（うの　じろう・行政学）

Ⅵ　学会記事

◇日本地方自治学会・学会記事

一　二〇一四年度の研究会が一一月一五日（土）と一六日（日）の両日、熊本県立大学・大ホールで開催された。研究会の概要は以下のとおりである。

㈠　記念講演（一一月一五日）
「協働と地方自治～自治の担い手の視点から～」　荒木昭次郎（熊本県立大学名誉教授）
司会　牛山久仁彦（明治大学）

㈡　研究会（共通論題①　一一月一五日）
テーマ「住民訴訟の限界と可能性」
「監査制度の課題と到達点」　小澤久仁男（香川大学）
「債権放棄と住民訴訟制度の改革論」　大田直史（龍谷大学）
「三号請求訴訟の新たな可能性―政教分離訴訟としての活用をめぐる批判的検討―」
杉原丈史（愛知大学）
コメンテーター　芝池義一（関西大学）

㈢　分科会（一一月一六日）
分科会①
テーマ「予算と市民参加」

「日本におけるコミュニティの予算参加」　鈴木　潔（聖学院大学）
「ドイツ都市自治体における市民予算」　宇野二朗（札幌大学）
コメンテーター　兼村高文（明治大学）
司会　菅原敏夫（地方自治総合研究所）

分科会②
テーマ「市町村における福祉政策の現代的課題」
「地方都市におけるひとり親家庭と子どもへの支援の現状と課題について
—『熊本市ひとり親家庭児童訪問援助事業』の取り組みより」　山西裕美（熊本学園大学）
「地方自治体における子育て支援政策—子ども・子育て新システムに着目して—」　手塚崇子（川村学園大学）
「『平成の大合併』の中間的総括と合併市町村の施策展開—福祉施策を中心に」　横山純一（北海学園大学）
コメンテーター　澤井　勝（奈良女子大学名誉教授）
司会　坂野喜隆（流通経済大学）

分科会③
テーマ「公募セッション（自由論題）」
「『昭和の大合併』の再検討」　新垣二朗（早稲田大学）
「群馬県の平成の大合併の検証」　堀田　学（新島学園短期大学）

「内発的発展と震災復興」　黒木誉之（熊本県立大学教務入試課）
コメンテーター　中村良広（熊本学園大学）
司会　田村達久（早稲田大学）

㈣　研究会（共通論題②　一一月一六日）
テーマ「大都市制度の現状と課題」
「大阪市の財政問題」　森　裕之（立命館大学）
「横浜市特別自治市構想と神奈川県」　其田茂樹（地方自治総合研究所）
「都区制度の構造と展開」　佐藤草平（東京自治研究センター）

二　総会

理事（アイウエオ順）
〈理事〉二五名　○印は新任（継続的でない再任を含む）

○礒崎　初仁（中央大学、行政）　今里佳奈子（愛知大学、行政）
今里　滋（同志社大学、行政）　植田　和弘（京都大学、経済）
牛山久仁彦（明治大学、行政）　○内海　麻利（駒澤大学、都市計画）
○岡本　三彦（東海大学、行政）　○垣見　隆禎（福島大学、法律）
川瀬　憲子（静岡大学、財政）　小原　隆治（早稲田大学、行政）
○榊原　秀訓（南山大学、法律）　佐藤　学（沖縄国際大学、行政）
芝池　義一（関西大学、法律）　白藤　博行（専修大学、法律）

玉野　和志（首都大学東京、社会）　　辻山　幸宣（地方自治総合研究所、行政）
晴山　一穂（専修大学、法律）　　平岡　和久（立命館大学、財政）
廣瀬　克哉（法政大学、行政）　　廣田　全男（横浜市立大学、法律）
星野　　泉（明治大学、財政）　　○前田　雅子（関西学院大学、法律）
三上　崇洋（立命館大学、法律）　　武藤　博己（法政大学、行政）
○山崎　圭一（横浜国立大学、財政）
＊退任（顧問就任を含む）
岩崎美紀子（筑波大学、行政）　　島袋　　純（琉球大学、行政）
南川　諦弘（大阪学院大学、法律）　　山本　　啓（山梨学院大学、政治）
横田　　茂（福山市立大学、財政）
監事
〈監事〉二名　○印は新任（理事からの異動による　）
○今川　　晃（同志社大学、行政）　　○人見　　剛（早稲田大学、法律）
＊退任（理事への異動による）
榊原　秀訓（南山大学、行政）　　前田　雅子（関西学院大学、法律）
顧問
〈顧問〉七名（理事からの異動を含む）
佐藤　竺、宮本憲一、吉田善明、中邨　章、今村都南雄、加茂利男、横田　茂
二〇一四年度総会が一一月一五日（土）に熊本県立大学で開催され、決算、会計監査、予算、新役員

体制について報告がなされ、いずれも原案通り承認された。

◇日本地方自治学会　年報「論文」「ノート」公募要領

日本地方自治学会年報編集委員会
二〇〇六年一一月一一日総会にて承認

日本地方自治学会では、学会創立二〇周年を記念して、年報・地方自治叢書第二〇号（二〇〇七年一〇月刊）から、『年報』という発表の場を広く会員に開放することと致しました。

叢書の総頁数の関係で、「論文」「ノート」は最大三本までの掲載に限られますが、このことにより、学際的な本学会の特徴をより明確にし、年報の充実により、多角的な視点による地方自治研究の水準をさらに引き上げていきたいと考えます。

つきましては、以下の要領にて「論文」「ノート」を公募しますので、積極的にご応募ください。

一　応募資格

毎年一一月末日現在での全ての個人会員（一度掲載された方は、その後二年間応募をご遠慮いただくこととします）。

二　テーマ・内容

地方自治をテーマにしていれば、内容は応募者の自由としますが、日本語で書かれた未発表のもの

（他の雑誌等に現在投稿中のものは応募できません）とし、「論文」または「ノート」のいずれか一点に限ります。

「論文」は、知見の新しさなどを求める学術論文を対象とし、「ノート」は、研究の中間段階でありながら一定のまとまりを持つものや学術的関心に支えられた行政実務についての論述など、地方自治研究を刺激することが期待されるものを対象とします。

三　原稿枚数

「論文」については、二四、〇〇〇字（四〇〇字詰原稿用紙六〇枚）以内、「ノート」については、一二、〇〇〇字以上一六、〇〇〇字未満（四〇〇字詰原稿用紙三〇枚以上四〇枚）以内とします。字数には、表題・図表・注・文献リストを含みます。

四　応募から掲載までの手続き

①　意思表示

応募者は、二〇一七年一二月中（地方自治叢書三一号分は二〇一七年一二月三一日（日）まで）に、原稿のプロポーザル（A四、一頁、一、二〇〇字程度）を、「封書」で、表に「日本地方自治学会論文・ノート応募」と明記の上、下記日本地方自治学会年報編集委員会委員長宛にお送りください。

プロポーザルには、何をいかなるアプローチで明らかにしようとするのか、内容のおおよその構成とその素材について説明してください。「論文」と「ノート」のどちらでの掲載を希望しているのかについても明記してください。

プロポーザルと実際の応募原稿の内容が大幅に異なる場合には、原稿を受理致しません。応募の意思表示をされた方には、プロポーザル受理の通知とともに、応募件数の状況、執筆要領をお送りします。

・プロポーザル送付先

〒二三六―〇〇二七　神奈川県横浜市金沢区瀬戸二二―二　横浜市立大学国際総合科学部

廣田全男

② 応募原稿の締め切り期日

翌年の三月中旬（地方自治叢書三一号分は二〇一八年三月一七日（土））必着とします。上記日本地方自治学会年報編集委員会委員長宛に、執筆要領に従った完全原稿とそのコピー一部、計二部を、郵便か宅配便でお送りください。それ以外の方法では受け取りません。

③ 応募者の匿名性確保のための作業

三月下旬に、年報編集委員会が、査読に当って応募者を判らないようにするため、応募「論文」「ノート」の一部について、必要最小限のマスキング（黒塗り）を施すことがあります。応募にあたっては、このマスキングがなされても、論旨を損わないよう、引用・注等に配慮した執筆をお願いします。

④ 審査方法

四月に入ると、年報編集委員会が、応募のあった「論文」「ノート」各一編につき、匿名で、三名のレフェリー（査読者）を委嘱し、およそ、一ヶ月間、審査をお願いし、その審査結果をもとに、掲載の可否を決定します。

三名のレフェリーのうち、二名以上が掲載可と判定した場合は、掲載できるとの原則で運用します。

しかし、年報への掲載可能本数は「論文」「ノート」あわせて、最大三本と見込まれるため、場合によっては、次年度号への掲載となる場合があります。

⑤ 審査基準

「論文」については、主題の明晰さ、命題・事実・方法などにおける知見の新しさなどを基準とし、地方自治学会年報に掲載する学術論文としての適切さを審査します。査読結果によって、掲載可となる場合でも、「論文」ではなく、「ノート」として掲載可となることもあります。また、掲載の条件として修正が求められた場合には、再査読が行われます。

「ノート」については、論述が整理されていること、調査研究を刺激する可能性のあることなどを基準とし、提出された時点での完成度について、地方自治学会年報に掲載する「ノート」としての適切さを審査します。

但し、年報への掲載可能本数が「論文」「ノート」あわせて、最大三本であるため、掲載にあたっては「論文」を優先し、「掲載可」とされた「ノート」であっても、年報編集委員会がレフェリーによる相対評価に基づいて優先順位をつけ、順位の低い「ノート」の掲載を次年度号に送る判断をすることがあります。

また、掲載の条件として修正が求められた場合には、再査読が行われます。

⑥ 掲載可となった原稿の提出

早ければ六月初旬、再査読が必要になった場合でも、七月初旬には、年報編集委員会から応募者に対して、掲載の可否についての最終の連絡をします。

掲載否の場合は、レフェリーの判断を年報編集委員会にて取りまとめたうえ、応募者に文書にて通知します。

掲載可の場合は、年報編集委員会からの通知を受けて、七月末日までに、日本地方自治学会年報編集委員会委員長宛に、完全原稿一部とその電子情報をフロッピーディスクもしくは添付ファイルにて提出してください。

⑦　校正等

年報は、一〇月下旬までの刊行を目指しますが、その間に、著者校正を二回程度お願いします。

五　その他

公募論文の年報への掲載に際しては、年報編集委員会による簡単な応募状況などの報告のみを付します。

以　上

編集後記

地方自治叢書28号がようやく刊行の運びとなりました。ここまで刊行が遅れてしまったことを編者として心よりお詫び申し上げます。

二〇一四年度日本地方自治学会総会・研究大会は二〇一四年一一月一五日・一六日に熊本県立大学・大ホールで開催されました。この間、二〇一六年四月には熊本地震が発生し、熊本県、大分県を中心として九州全域に大きな被害を引き起こしました。東北大震災からわずか数年後の大地震は、自然の脅威と人間の無力さをあらためて痛感させるものでした。

熊本の研究大会では隔年実施の記念講演一本の他に、共通論題の研究会二つ、「公募セッション（自由論題）」を含む分科会三つにおいて合計一六本の研究成果が報告されました。本号は「自治体行財政への参加と統制」のタイトルで、住民監査と住民訴訟による行政の監視、自治体予算策定への市民参加等をめぐる地方自治の基本的課題を検討しています。ここでは、今日の地方自治における議会と長、住民の関係のあり方が問われています。

最後になりますが、本号の刊行に際しては編集・校正作業が大幅に遅れてしまい、敬文堂の竹内基雄社長の心労を煩わしました。進まぬ作業を後押ししていただいたことに心よりお礼申し上げます。

（廣田全男）

自治体行財政への参加と統制　〈地方自治叢書28〉

2017年9月15日　初版発行

定価はカバーに表示してあります

編　者　日本地方自治学会
発行者　竹　内　基　雄
発行所　㈱　敬　文　堂

東京都新宿区早稲田鶴巻町538
電話　(03) 3203-6161（代）
FAX　(03) 3204-0161
振替　00130-0-23737
http://www.keibundo.com

印刷／信毎書籍印刷株式会社　製本／有限会社高地製本所

ISBN978-4-7670-0220-0　C 3331

〈日本地方自治学会年報〉既刊本

地方自治叢書〈1〉

転換期の地方自治

本体二四〇〇円

日本地方自治学会の設立に当たり**柴田徳衛**／地方自治論の課題と展望**兼子仁**／現代社会と地方自治**宮本憲一**／地方自治史研究の成果と課題**大石嘉一郎**／行政学の立場から**寄本勝美**／社会学の立場から**似田貝香門**／転換期のアメリカ政府間関係**新藤宗幸**／転換期の地方自治**戒能通厚**／西ドイツにおける地方自治**伊東弘文**／町づくりにおける住民参加の歴史的経過をたどって**片方信也**／転換期の意味と主体の問題**矢澤修次郎**／イギリス地方税改革と地方自治の再編**北村裕明**／アメリカの市民参加**寄本勝美**／公共性の現代的展開**似田貝香門**／「東京の行政と政治」研究ノート**佐々木信夫**／書評

地方自治叢書〈2〉

日本地方自治の回顧と展望

本体三〇〇〇円

戦後地方自治雑考**阿利莫二**／私と地方自治**杉村敏正**／明治地方自治の国際的性格**山田公平**／都市自治一〇〇年における関一**芝村篤樹**／昭和期における府県制度改革**天川晃**／地方自治の継受と公益事業制策について**今井清一**／日本の地方自治の「独自性」**宮本憲一**／戦後日本政治分析における多元主義理論と中央地方関係**佐藤俊一**／八〇年代の不動産資本・土地市場の動向と都市の変貌**宮野雄一**／岐路にたつ都市社会運動**吉原直樹**／イタリアの都市自治と住民参加**宗田好史**／台湾の地方財政**川瀬光義**／韓国における住民参加制度について**鄭相千**／タイの地方自治と住民参加**橋本卓**／書評

地方自治叢書〈3〉

広域行政と府県

本体二六二二円

地方自治と私**足立忠夫**／「行革」・広域行政と府県**都丸泰助**／府県と自治体連合の可能性**鳴海正泰**／農山村地域と広域行政**保母武彦**／都市計画の立場からみた都道府県と広域行政**石田頼房**／自治的広域行政機構の条件**岩崎美紀子**／福祉行政事務の地方移譲の法的問題点**芝池義一**／イギリス地方税制改革の基本的枠組**星野泉**／フランスにおける地方債の自由化**青木宗明**／ニュージーランドにおける政府間関係の動向**藤井浩司**／都市ボランタリズムとコミュニティ**渡戸一郎**／書評

地方自治叢書〈4〉

世界都市と地方自治

本体二九一三円

私と地方自治**柴田徳衛**／世界都市の挑戦**K・タブ**（横田茂訳）／英国地方税制の改革と地方団体の反発**竹下譲**／「世界都市・TOKYO」の特質とその構造的矛盾**寺西俊一**／都市の産業構造からみた世界都市論**青木圭介**／世界都市の理論化と問題点**中邨章**／新しい中央地方関係論へ**笠京子**／補助金と地方自治**鶴田廣巳**／地方自治と住民参加**鵜飼照喜**／タイにおける過疎農村地域開発と地方政府の役割**M・サングスカル**（小池治訳）／人口過疎地域における地方自治体の役割と機能**E・パディラ**（中村・小池・中邨訳）

地方自治叢書〈5〉

条例と地方自治

本体二七一八円

学会誌第五号の発行にあたって**佐藤竺**／私と地方自治**加藤一明**／研究会「条例と地方自治」のまとめ**兼子仁**／地方自治の展開と条例の諸傾向**吉田善明**／まちづくりと条例**三橋良士明**／都市憲章条例への期待**富野暉一郎**／自治体条例論をめぐる枠組みの再検討**五十嵐敬喜**／自治体における選択基準の実際**江口清三郎**／自治体財政における公会計システムについて**兼村高文**／選挙区割における地方性重視の可能性**小林幸夫**／真鶴町まちづくり条例論**五十嵐敬喜**／韓国の民主化と地方自治**盧隆熙**／日・韓地方自治比較の問題点**山田公平**／書評

地方自治叢書〈6〉

地域開発と地方自治

本体二七一八円

全国総合開発計画三〇年を検討する**宮本憲一**／自治の思考の転換**河中二講**／「持続する発展」をもとめて**宮本憲一**／リゾート開発と地方自治**今里滋**／地域開発と地方自治**渡名喜庸安**／地域環境時代の地域開発と地方自治**中村剛治郎**／グローバル・リストラと地域開発**佐々木雅幸**／孫文の建国構想における地方自治と台湾の地方行財政**川瀬光義**／三新法体制における参加と統制の制度構造**小原隆治**／住民自治の歴史的展開**玉野和志**／都市再開発とネイバーフッド・リバイタリゼイション**白石克孝**／書評

地方自治叢書〈7〉

都市計画と地方自治

本体二七一八円

第七巻発刊にあたって**宮本憲一**／私と地方自治**横山桂次**／わが国都市計画の新次元への挑戦**三村浩史**／改正都市計画法―行政手続法―開発指導**鈴木庸夫**／都市計画のマスタープランとまちづくりの課題**片方信也**／合衆国の都市改造の経験とその教訓**遠州尋美**／一九九二年都市計画法、建築基準法改正に寄せて**北原鉄也**／都市環境形成の課題**安木典夫**／まちづくりにおける自治会・企業・支所の役割**今川晃**／わが国の都市計画行政と市町村マスタープランの創設**丸山康人**／発展途上国における地方分権化**山崎圭一**／ポスト福祉国家と新都市社会学の展開**西山八重子**／書評

地方自治叢書〈8〉

現代の分権化

本体二七一八円

学会誌第八巻の発刊に当たって**室井力**／私と地方自治**佐藤竺**／現代地方分権論の文脈**加茂利男**／立法学からみた地方分権推進法**五十嵐敬喜**／地方分権と税財政制度改革**遠藤宏一**／地方分権―五つの関心**水口憲人**／討論「社会福祉分野からのコメント」**武田宏**／戦時・占領期における集権体制の変容**市川喜崇**／伊勢湾沿岸域開発と地方自治**鈴木誠**／地方政府再編に関する一考察**牛山久仁彦**／フランス州財政の諸問題**中西一**／外国人居住者と日本の地域社会**田嶋淳子**／都心居住にみる自治体の施策と課題**市川宏雄**／書評

地方自治叢書〈9〉

行政手続法と地方自治

本体二七〇〇円

私と地方自治**吉岡健次**／行政手続法と地方自治**本多滝夫**／行政手続法と地方自治**今村都南雄**／行政手続法と地方自治**塩崎賢明**／報告に対するコメント**見上崇洋**／水資源開発と地方自治**小森治夫**／韓国における工業団地開発と都市財政**鄭徳秀**／書評

地方自治叢書〈10〉

機関委任事務と地方自治

本体二八〇〇円

私と地方自治**宮本憲一**／「機関委任事務」法論と地方自治**白藤博行**／機関委任事務廃止の意味**辻山幸宣**／機関委任事務と財政改革**坂本忠次**／社会セクター台頭の意味と可能性**白石克孝**／地方分権と地方財源**星野泉**／英国労働党政権の新地方自治政策**横田光雄**／書評

地方自治叢書〈11〉

戦後地方自治の歩みと課題

本体二九〇〇円

地方自治と私**室井力**／地方自治改革の軌跡と課題**山田公平**／分権的税財源システムの課題**伊東弘文**／戦後地方自治と革新自治体論**鳴海正泰**／震災復興と自治体財政**高山新**／英国の地方財政制度**稲沢克祐**／サンフランシスコにおけるアフォーダブル住宅**五嶋陽子**／書評

地方自治叢書〈12〉

介護保険と地方自治

本体二八〇〇円

私と地方自治研究**大石嘉一郎**／介護保険と市町村の役割**池田省三**／介護保険と地方財政**横山純一**／鷹巣町の福祉**岩川徹**／コミュニティ・ソリューションと市民・NPO**日詰一幸**／都市と農山村の連携におけるNPOの役割**松井真理子**／福祉改革・地方分権改革の中の生活保護行政**木原佳奈子**／広域連合制度の特質とその活用方途**原田晃樹**／書評

地方自治叢書〈13〉

公共事業と地方自治

本体二八〇〇円

地方財政危機と公共事業**関野満夫**／公共事業と地方自治**晴山一穂**／公共事業の分権**武藤博己**／地方分権一括法以後の地方自治**辻山幸宣**／韓国の地方分権の推進状況と課題**崔昌浩**／パラダイムの転換**竹下譲**／書評

地方自治叢書〈14〉

分権改革と自治の空間

本体二九〇〇円

私と地方自治**石田頼房**／分権改革**水口憲人**／環境行政における中央・地方の役割分担と協力**寄本勝美**／地方分権改革と広域行政**岩崎美紀子**／地域社会の側から見た地方分権と広域行政**富野暉一郎**／高齢者保健福祉政策と市町村の公的責任**水谷利亮**／自治体財政とキャッシュ・フロー会計**兼村高文**／基地問題と沖縄の自治**島袋純**／韓国地方自治制度の歴史と現行制度に関する一考察**李憲模**／英国における「地方自治の現代化」**森邊成一**／書評

地方自治叢書〈15〉

どこまできたか地方自治改革

本体二八〇〇円

新世紀における三重のくにづくり**北川正恭**／地方分権改革と地方税制**星野泉**／分権時代の法環境**久保茂樹**／分権化の行政改革**向井正治**／議員提出条例から見た県議会改革**小林清人**／韓国における地方議会の現状と活性化策**呉在一・朴恵子**／英国の自治体経営改革の動向**稲沢克祐**／現代デモクラシーのなかの住民投票**上田道明**／書評

地方自治叢書〈16〉

自治制度の再編戦略

本体二八〇〇円

地方自治と私**兼子仁**／自治史のなかの平成合併**山田公平**／自治体再編と新たな自治制度**島田恵司**／基礎的自治体と広域的自治体再論**人見剛**／都市・農村共生型財政システムをめざして**重森曉**／「西尾私案」と地方自治**白藤博行**／市町村合併に伴う選挙区制度設置と自治体内自治組織論**今井照**／市町村合併の検討過程と住民自治**小林慶太郎**／地方公共事業とＰＦＩ**森裕之**／書評

地方自治叢書〈17〉

分権型社会の政治と自治

本体二八〇〇円

二元的代表制の再検討**駒林良則**／自治を担う議員の役割とその選出方法**江藤俊昭**／自治体の財政的自立と税源移譲**兼村高文**／「地域自治組織」と自治体の政治**今井照**／イングランドにおける広域自治体の再編**馬場健**／ＮＰＯと資金問題**松井真理子**／地方政治のニューウェイブ**今里佳奈子**／韓国の住民投票制度について**姜再鎬**／書評

地方自治叢書〈18〉

道州制と地方自治

本体二八〇〇円

地方自治と私**山田公平**／《対談》都道府県自治をめぐって**増田寛也・今村都南雄**／道州制と北海道開発予算の現状・課題**横山純一**／道州制の考え方**稲葉馨**／道州制・都道府県論の系譜**市川喜崇**／「地域自治区」の法的位相**妹尾克敏**／自治の本質と価値**黒木誉之**／書評

地方自治叢書〈19〉

自治体二層制と地方自治

本体二八〇〇円

地方自治制度改革のゆくえ**加茂利男**／風土の上にある自治**松本克夫**／新時代の基礎自治体**岩崎美紀子**／個別行政サービス改革としての三位一体改革**金井利之**／地方分権改革の検証**垣見隆禎**／都市計画関係法令と条例制定権**大田直史**／ブラジル参加型予算の意義と限界**山崎圭一**／カナダの州オンブズマン制度と地方自治体の関係**外山公美**／書評

地方自治叢書〈20〉

合意形成と地方自治

本体二八〇〇円

地方自治体の国政参加権再論**人見剛**／基地維持財政政策の変貌**川瀬光義**／スイスの住民参加と合意形成―住民投票の可能性と限界**岡本三彦**／住民投票の歴史的展開**鹿谷雄一**／コミュニティ政策の課題**玉野和志**／地域コミュニティの現在**家中茂**／書評

地方自治叢書〈21〉

格差是正と地方自治

本体二八〇〇円

自治体の格差と個性に関する一考察**山口道昭**／二〇〇〇年代「教育改革」と教育を受ける権利**竹内俊子**／「地域格差」と自治体の再生**岡田知弘**／福島県商業まちづくり推進条例と「まちづくり三法」**鈴木浩**／指導要綱の条例化と住民の意向の反映**内海麻利**／ドイツの市民参加の方法「プラーヌンクスツェレ」と日本での展開**篠藤明徳**／地方財政調整交付金制度創設に関する論議**中村稔彦**／書評

地方自治叢書〈22〉

変革の中の地方自治

本体二八〇〇円

地方自治と私**加茂利男**／道路論争**五十嵐敬喜**／自治体議会改革を考える**小林武**／国と普通地方公共団体との間の行政訴訟**寺洋平**／自治基本条例における住民自治の必要性**相澤直子**／アメリカの交通まちづくりと持続可能な都市交通経営**川勝健志**／市民によるマニフェスト評価**長野基**／書評

地方自治叢書〈23〉

第一次分権改革後一〇年の検証

本体二八〇〇円

地方分権の法改革**白藤博行**／自治体の再編と地域自治**今川晃**／三位一体改革の帰結と財源保障制度の将来像**武田公子**／農山漁村地域における自治体財政の実態と課題**桒田但馬**／韓国における分権化政策の評価と課題**呉在一**／書評

地方自治叢書〈24〉

「地域主権改革」と地方自治

本体二八〇〇円

あらためて問われる「地域主権」改革**今村都南雄**／「地域主権改革」と住民自治**人見剛**／創造都市と都市文化景観**佐々木雅幸**／イギリスにおける自治体外部監査の制度的特徴**長内祐樹**／分権改革と政府間関係**立岩信明**／イングランドにおけるリージョナリズムの変化**石見豊**／書評

地方自治叢書〈25〉

「新しい公共」とローカル・ガバナンス

本体二八〇〇円

新しい公共における政府・自治体とサード・セクターのパートナーシップ**原田晃樹**／イギリスのパートナーシップ型地域再生政策の評価―第三の道とビッグソサイエティ**金川幸司**／ローカル・ガバナンスにおける地方自治体の議会改革**新川達郎**／議会改革・議会内閣制・ボランティア議会と住民の役割**榊原秀訓**／東日本大震災復興の理念と現実**塩崎賢明**／「国保被排除層」の生活保護問題**藤井えりの**／書評

地方自治叢書〈26〉

参加・分権とガバナンス

本体三〇〇〇円

地方自治と私中邨章／住民参加から住民間協議へ島田恵司／都市内分権とコミュニティ横田茂／自治体改革と都市内分権・市民参加槌田洋／高齢者介護と地方自治体の課題横山純一／貧困・地域再生とローカル・ガバナンス山本隆／復興過程における住民自治のあり方をめぐって吉野英岐／沖縄県における跡地利用推進特措法の意義と課題林公則／書評

地方自治叢書〈27〉

基礎自治体と地方自治

本体二八〇〇円

基礎自治体における財源減少時期の予算制度改革稲沢克祐／基礎自治体の変容江藤俊昭／東日本大震災における木造応急仮設住宅供給の政策過程西田奈保子／アメリカのコミュニティ開発法人宗野隆俊／イギリスの「大きな社会」下におけるサード・セクター組織の多岐的対応清水洋行／基礎自治体における市民参加型「公開事業点検・評価」活動の研究長野基・牧瀬稔・廣瀬克哉／書評

（＊価格は税別です）